O QUE O RAP DIZ
E A ESCOLA CONTRADIZ

Um estudo sobre a arte de rua e a formação da
juventude na periferia de São Paulo

CONSELHO EDITORIAL
Ana Paula Torres Megiani
Eunice Ostrensky
Haroldo Ceravolo Sereza
Joana Monteleone
Maria Luiza Ferreira de Oliveira
Ruy Braga

O QUE O RAP DIZ
E A ESCOLA CONTRADIZ

Um estudo sobre a arte de rua e a formação da
juventude na periferia de São Paulo

MÔNICA DO AMARAL

Copyright © 2016 Mônica G. T. do Amaral.

Grafia atualizada segundo o Acordo Ortográfico da Língua Portuguesa de 1990, que entrou em vigor no Brasil em 2009.

Edição: Haroldo Ceravolo Sereza
Editor assistente: Dafne Ramos
Projeto gráfico e diagramação: Jean R. Freitas
Assistente acadêmica: Bruna Marques
Revisão: Julia Ferreira
Imagens da capa: Val OPNI e Toddy OPNI

Esta obra foi publicada com apoio da Fapesp, n° do processo 2016/06256-5.

CIP-BRASIL. CATALOGAÇÃO-NA-FONTE
SINDICATO NACIONAL DOS EDITORES DE LIVROS, RJ

A515Q

Amaral, Mônica G. T. do
O que o rap diz e a escola contradiz : um estudo sobre a arte de
rua e a formação da juventude na periferia de São Paulo
Mônica G. T. do Amaral. - 1. ed.
São Paulo: Alameda, 2016.
258 P. : IL. ; 21 CM

Inclui bibliografia
ISBN 978-85-7939-430-0

1. Música na educação. 2. Hip-Hop (Cultura popular) - Aspectos
sociais. 3. Rap (Música) - Aspectos sociais. I. Título.

16-37578   CDD: 780.71
            CDU: 78(07)

ALAMEDA CASA EDITORIAL
Rua 13 de Maio, 353 – Bela Vista
CEP 01327-000 – São Paulo, SP
Tel. (11) 3012-2403
www.alamedaeditorial.com.br

À memória de meu tio, querido amigo e mestre,
Professor Celso Mendes Guimarães, que me fez trilhar
um caminho fértil no campo filosófico.

À memória de Fábio Herrmann, caro analista e mestre, que
despertou o meu olhar para a dimensão estética da psicanálise.

SUMÁRIO

11 PREFÁCIO de Rodrigo Duarte

15 APRESENTAÇÃO

25 PRIMEIRA PARTE:
Formação em crise e o declínio da autoridade do professor

27 CAPÍTULO 1
Introdução

37 CAPÍTULO 2
A atualidade das ideias de Nietzsche e de Adorno a propósito da formação e da crise dos estabelecimentos de ensino

49 A precarização do trabalho do professor e a tecnificação da cultura escolar

61 SEGUNDA PARTE:
A arte juvenil invade a cena das metrópoles no mundo globalizado

63 CAPÍTULO 3
O RAP e o HIP HOP: em direção à "transvaloração dos valores" da escola pública brasileira

63 O surgimento da linguagem combativa do hip hop

69 Sobre a construção de uma abordagem afinada com as culturas juvenis de protesto

77 TERCEIRA PARTE:
A trama e a urdidura das culturas juvenis e a cultura
escolar

79 CAPÍTULO 4
A "eróptica" das culturas juvenis: uma ruptura possível na
cultura escolar
83   A "eróptica" como método de pesquisa na escola
104   Os primeiros contatos com a escola e o início da pesquisa
126   A construção do método em consonância com o objeto
132   Uma discussão preliminar sobre a primeira fase da pesquisa

137 CAPÍTULO 5
Programação das intervenções em sala de aula: como
construir uma metodologia de pesquisa em ação
139   O resultado da pesquisa em ação na sala de aula – uma experiência
de regência compartilhada entre professores pesquisadores e
pesquisadores da Universidade
170   Os jovens rappers da EMEF José Alcântara – os novos cronistas da
comunidade do Real Parque
174   E o funk carioca – um produto massificado ou uma estética erótica
irreverente de novo tipo

177 CAPÍTULO 6
Os avanços e percalços metodológicos da pesquisa em ação
177   As experiências de docência compartilhada: um laboratório de como
pode se dar a relação entre professores e alunos
184   O redirecionamento da pesquisa

187 CAPÍTULO 7
Algumas iniciativas de professores e da comunidade mais
significativas que resultaram das intervenções em sala de
aula

195 CAPÍTULO 8
Reflexões teórico-metodológicas sobre a pesquisa
196   Do método etnográfico pós-moderno ao método psicanalítico de
ruptura de campo: afinidades eletivas

199 CONSIDERAÇÕES FINAIS SOBRE A PESQUISA

205 REFERÊNCIAS

217 ANEXO I
Questionário dos alunos

219 APÊNDICE
Estudo recente sobre as culturas juvenis
220 Cap. I Expressões estéticas contemporâneas de resistência da
juventude urbana e a luta por reconhecimento – uma leitura a partir
de Nietzsche e Axel Honneth

255 AGRADECIMENTOS

PREFÁCIO

O leitor tem em mãos uma obra bastante singular: trata-se de um conjunto de reflexões teóricas sobre traços marcantes da sociedade e da cultura contemporâneas, com ênfase nas peculiaridades de sua versão brasileira; ao mesmo tempo, encontra-se aqui a revelação muito palpável da realidade de uma escola pública, localizada no interstício de um enclave de pobreza e de uma das regiões mais abastadas da maior metrópole do país.

Embora a estrutura do livro sugira um ordenamento "clássico", no qual se parte da teoria em direção à prática – a realidade da referida escola –, talvez não seja errado dizer que os autores mobilizados por Mônica Amaral, tão heterogêneos quanto Nietzsche, Freud, Adorno, Bataille, Canevacci, Fanon e Honneth, dentre outros, não apenas marcam encontro num contexto em que efetivamente dialogam entre si, mas também produzem a sensação de que somente esse seu inusitado encontro poderia indicar chaves de compreensão para uma realidade tão complexa e multifacetada quanto a que se descortina mais claramente na parte "prática" da obra, ou seja, naquela em que se relatam as experiências da pesquisadora na Escola Municipal José de Alcântra Machado Filho.

Enquanto a psicanálise – especialmente na sua versão freudiana – atua como pano de fundo para boa parte das reflexões desenvolvidas ao longo da obra, Nietzsche comparece principalmente no que tange às suas colocações sobre a educação em "Sobre o futuro de nossos estabelecimentos de ensino" e naquelas relativas à "transvaloração de todos os valores" – essas últimas tendo em vista os aspectos transgressores e, simultaneamente, edificantes de culturas juvenis das periferias metropolitanas, exemplificadas principalmente pelo hip hop.

Theodor Adorno comparece também com dupla vinculação: por um lado, como o pensador de uma educação radicalmente libertadora, tal como consta na sua coletânea de textos "pedagógicos", intitulada *Erziehung zur Mündigkeit* (que na edição brasileira se tornou *Educação e emancipação*). Por outro lado, como o denunciante do "mundo administrado", dominado pela indústria cultural, a qual efetua um dano potencialmente irreparável nas consciências das pessoas – inclusive dos jovens oriundos de todas as camadas sociais.

No que concerne aos aportes sobre o erotismo enquanto força motivadora das ações dos educandos adolescentes, Bataille e Canevacci (esse último com sua concepção de "eróptica") constituem a principal referência de Amaral e, no tocante à condição de afrodescendentes de boa parte dos educandos da referida escola municipal, a contribuição de Fanon é de suma importância para a sua reflexão. De modo análogo, toda a discussão atual acerca das identidades e do reconhecimento – indispensável para a caracterização da situação educacional pesquisada – se encontra respaldada pelos pontos de vista de Axel Honneth (especialmente no apêndice em que a problemática abordada é retomada e "atualizada").

Como já se sugeriu, a amarração teórica proposta por Amaral ganha vida e inclusive adquire as cores de uma narrativa de grande interesse quando ela inicia o relato propriamente dito do seu projeto de pesquisa, o qual envolveu os corpos discente e docente da escola municipal abordada, bem como orientandos de pós-graduação da autora.

Uma escola pública num bolsão de pobreza situado próximo a bairros de classe média alta, com seus suntuosos condomínios e shopping centers, apresenta problemas graves tais como a falta de interesse, de disciplina e a agressividade de alunos e alunas, a enorme desmotivação dos seus professores, a carência de recursos materiais e de pessoal (com várias turmas a descoberto). A intervenção coordenada por Amaral incluiu levantamentos etnográficos, através dos quais se constatou que, além dos afrodescendentes – grupo habitual em estabelecimentos de ensino de comunidades carentes –, havia entre os educandos um grupo expressivo de descendentes da etnia *Pankararu*, o que conferia ao contexto em tela uma peculiaridade imensa, já que, ao lado da discriminação comumente sofrida por jovens negros, se perfilava também aquela que tem como alvo os descendentes de ameríndios. Tinha-se, então, no microcosmo representado pela Escola Municipal Jose de Alcântra, uma amostra vivaz do macrocosmo da sociedade brasileira com toda sua diversidade e –principalmente – com todos os seus antagonismos.

A pesquisa, a partir da qual se deu também a importante intervenção, identificou bloqueios na comunicação entre professores e alunos, e entre a comunidade escolar e a direção do estabelecimento, sendo que boa parte deles tinha origem no próprio meio social dos educandos. A vida dos jovens numa comunidade pobre, para a qual a escola não oferece condições de superação da falta de perspectivas à qual eles estão condenados, é muito difícil, sendo o narcotráfico, com sua sedução de aventuras e ganhos fáceis, a causa de muita violência e morte precoce entre eles.

Nesse contexto, o curso da intervenção realizada a partir dos estudos e discussões realizados se consolidou com a ajuda de manifestações estéticas visceralmente associadas ao meio social e cultural dos alunos, com destaque tanto para práticas recalcadas das comunidades afro-brasileira e ameríndia e – de modo muito especial, dada a condição daqueles jovens – de culturas juvenis de periferias urbanas, como o hip hop e até mesmo o funk carioca, que se revelou importante na livre expressão e na abordagem sem preconceitos da sexualidade do(a)s adolescentes. No final de contas, o resultado produzido incluiu até mesmo hibridismos ainda inéditos, tais como raps produzidos por descendentes dos *Pankararu*, nos quais os jovens antes envergonhados de sua origem, passaram a demonstrar orgulho de sua etnia.

Como apêndice da obra, se encontra um texto com o relato de outro trabalho semelhante desenvolvido por Amaral, dessa vez realizado numa ONG da zona sul da cidade de São Paulo – a Casa do Zezinho – e, posteriormente na Escola de Aplicação da USP e na Escola Municipal Amorim Lima, no qual o hip hop continua sendo referência importante no empoderamento dos jovens oriundos de áreas carentes da cidade.

Mas essas histórias são muito mais bem contadas no próprio corpo do livro que o leitor tem em mãos, cuja leitura é certamente proveitosa tanto para educadores, quanto para teóricos da educação e da cultura, assim como para o público em geral.

Rodrigo Duarte
Professor Titular do Departamento de Filosofia da Universidade
Federal de Minas Gerais

APRESENTAÇÃO

Nossas pesquisas em escolas públicas de São Paulo têm demonstrado a importância da escuta e de um olhar, atentos à diversidade étnica e cultural dos alunos, a qual deve ser contemplada por todo e qualquer projeto de renovação da educação pública deste país. Este livro pretende justamente contribuir para que esse olhar possa ser despertado entre os responsáveis pela promoção da educação e formação da juventude, em particular das camadas populares.

As reflexões apresentadas alicerçam-se em uma pesquisa realizada, no âmbito do Programa de Melhoria do Ensino Público,[1] por uma equipe de pesquisadores ligados à Faculdade de Educação da

---

[1] Pesquisa realizada no âmbito do Programa de Melhoria do Ensino Público da Fapesp, intitulada "Culturas juvenis x cultura escolar: como repensar as noções de tradição e autoridade no âmbito da educação" (Processo Fapesp: 2006/52034-2), sob minha coordenação, cuja equipe de pesquisa contou com a participação dos estudantes de pós-graduação que tomaram como base este trabalho para a escrita de suas Dissertações de Mestrado na FEUSP: Tatiana Karinya Rodrigues, Edson Yukio Nakashima e Maíra Soares Ferreira. Também fizeram parte da equipe o pesquisador colaborador Luiz Abbonddanza e os professores da EMEF José de Alcântara Machado Filho, que atuaram como pesquisadores: Ana Perón, Fábio Smigelskas, Izabel Conceição Silva, Keila Rodrigues, Lígia Oliveira de Azevedo, Márcia Troetschel, Rodrigo Pinho, Maria Cecília de Oliveira, Maria Rita Pereira da Silva, Maria Verônica de Oliveira, Marilene de Campos Mendes, Marina Borges Marinho, Terezinha Ledo e Silas Corrêa Leite, também escritor e poeta.

MÔNICA DO AMARAL

Universidade São Paulo (FEUSP) e professores da EMEF José de Alcântara Machado Filho, situada entre a comunidade do Real Parque e os condomínios luxuosos do bairro Morumbi, na cidade de São Paulo, que deu origem a todo um processo de construção do trabalho de campo e de abordagens teóricas inovadoras para se pensar a participação das culturas jovens na formação da juventude negra e "periférica" de metrópoles, como São Paulo.[2]

Trata-se de uma versão ampliada da tese de livre-docência (2010), tomando em consideração as sugestões da banca, bem como as ideias que foram desenvolvidas em artigos publicados,[3] conferências e apresentações realizadas ao longo dos últimos seis anos. Tomamos o cuidado de retomar alguns contatos na referida EMEF, onde foi possível recolher depoimentos de duas professoras que ainda se encontravam na escola e que se dispuseram a nos conceder entrevistas. Também recorremos à comunidade do Real Parque, onde entrevistamos alguns jovens desta comunidade que tiveram um papel decisivo, tanto em nossa pesquisa inicial, como no desenvolvimento posterior do trabalho, em dois projetos de pesquisa financiados no âmbito do Programa de Políticas Públicas da Fapesp.[4]

---

2 Esse processo de construção teórico-metodológica resultou em minha tese de livre-docência, cujo título era: "A trama e a urdidura entre as culturas juvenis e a cultura escolar: a "eróptica" da arte de rua como método de pesquisa e de ruptura de campo na escola pública"(2010).

3 Menciono um artigo, em especial, que nos serviu de linha mestra para a composição deste livro: Amaral, M. do. "O rap, o hip-hop e o funk: a 'eróptica' da arte juvenil invade a cena das escolas públicas nas metrópoles brasileiras". *Psicologia USP* (impresso), v. 22, p. 593-620, 2011.

4 O primeiro projeto foi realizado durante três anos na ONG Casa do Zezinho, situada no Capão Redondo, também na zona sul da cidade, e em duas escolas públicas na zona oeste, a EMEF Amorim Lima e a Escola de Aplicação

Nesta pesquisa, o método de investigação[5] acabou se tornando a questão central, com vistas a perscrutar as dimensões eróticas e de protesto de culturas juvenis de rua, presentes nas estéticas do rap e do funk, constituindo um verdadeiro matizado, rico e prolífero, de culturas de resistência, por meio das quais a juventude na periferia tem procurado se recriar e dar respostas às marcas deixadas por fendas sociais profundas deixadas por uma sucessão de experiências históricas de desenraizamento étnico, social e cultural. Um cenário que exige um olhar atento dos educadores e órgãos públicos encarregados de promover a educação em nosso país. Com o objetivo de publicar a pesquisa, considerou-se o quão importante havia sido esta experiência para os estudos posteriores empreendidos pela equipe, constituída por nossos orientandos, professores e demais pesquisadores que se debruçaram sobre o papel formador e emancipador das culturas jovens de resistência, bem como suas possíveis articulações com as culturas ancestrais que se implantaram neste país a partir da diáspora negra do Atlântico.

As reflexões e pesquisa apresentadas neste livro começaram em 2006, por meio de um contato inicial com jovens lideranças do Real Parque. Essas jovens trabalhavam como estagiárias na ONG

---

da USP, com o título: "Rappers, os novos mensageiros urbanos da diáspora afro-brasileira na periferia de São Paulo: a contestação estético-musical que emancipa e educa" (Processo: 2010/52002-9). O segundo projeto encontra-se em sua fase inicial de implantação na EMEF Saturnino Pereira, situada na Cidade Tiradentes, zona leste do município e na EMEF Roberto Mange, situada na zona oeste, sob o título: "O ancestral e o contemporâneo nas escolas públicas brasileiras: reconhecimento e afirmação de histórias e culturas urbanas negadas" (Processo Fapesp: 2015/50120-9).

5 Observe-se que as reflexões sobre o método, construído ao longo da pesquisa, são apresentadas no final, por terem sido provavelmente o "resultado" mais significativo de nosso trabalho de investigação.

Casulo, que concedia bolsas de estudos para formar professores junto ao Instituto Singularidades. Acompanhamos sua atuação e suas angústias, uma vez que elas se sentiam pressionadas, de um lado, pelas orientações da ONG e empresas financiadoras – que se faziam presentes no conselho gestor – e, de outro, pelas necessidades da comunidade, que extrapolavam as prioridades definidas pela instituição instalada em frente ao amontoado de pequenas casas e vendas, situadas na extensa favela do Real Parque.

Uma questão considerada prioritária pelas lideranças era o atendimento das expectativas dos jovens, que queriam, não apenas, formar-se como mão de obra qualificada, mas, sobretudo aprofundar-se naquilo que já fazia parte de suas vidas. Ou seja, a dança break, o grafitti e o rap. Além disso, como grande parte das famílias que moravam no Real Parque era oriunda da região nordeste, a capoeira, o maracatu e outras tradições culturais nordestinas também estavam entre suas prioridades. Os jovens desejavam, portanto, formular sua própria estética e ter suas culturas reconhecidas, do mesmo modo que pretendiam ser os porta-vozes daquela comunidade de famílias ampliadas – que foram instaladas há muito tempo naquele local para a construção do Estádio do Morumbi e do Palácio Bandeirantes. Mas esta é uma longa história sobre a qual nos debruçaremos ao longo desta narrativa.

Para atender aos anseios daquelas jovens lideranças, decidimos priorizar nossa atuação e pesquisa na EMEF José de Alcântara Machado Filho,[6] uma vez que a escola encontrava-se bastante distanciada das necessidades da comunidade, sofrendo as consequências de uma significativa falta de professores, que vinha comprometendo há muitos anos a formação dos jovens da região. De fato, quando entramos na escola e iniciamos a pesquisa, percebemos uma situação deso-

---

6   Escola que passo a designar apenas como EMEF José Alcântara ao longo do livro.

ladora: classes inteiras sem professor;[7] dos poucos professores presentes, alguns procuravam atender a mais de uma classe; alunos sem ter o que estudar em diversas disciplinas por falta de professor[8] ao longo de todo o ano letivo; os professores em pé de guerra com a direção e com a DRE da região, cujos responsáveis pareciam não conhecer e nem se importar com os graves problemas da escola em questão.

Em meio ao caos, estabelecemos como meta inicial ouvir os professores. Para tanto, fizemos uma espécie de plantão em todos os turnos (manhã, tarde e noite), para que, aos poucos, pudéssemos organizar rodas de conversas sobre os principais problemas da escola. Feito isso, poderíamos estabelecer prioridades para os grupos de pesquisa e de atuação em classe, envolvendo conjuntamente professores e pesquisadores da universidade. Mas, antes de colocarmos as ações em prática, fizemos também um levantamento das opiniões e sugestões dos alunos – tanto no que diz respeito à formação obtida na escola, quanto à que era almejada por eles.

---

7   De acordo com a atual direção, este problema, embora, não com a mesma gravidade de outrora, é ainda uma questão preocupante, uma vez que permanece o problema da falta de transportes na região e pelo fato de a escolha docente das escolas estar condicionada à sua classificação em concurso, o que nem sempre atende às necessidades do professor e tampouco das unidades de ensino, e menos ainda das unidades de difícil acesso.

8   Um dos problemas da gestão na época era a contratação temporária de professores até o mês de outubro, depois do qual os alunos ficavam ao "Deus dará!". Ou seja, não havia quem ministrasse aulas nos últimos meses do ano. Na gestão atual, criou-se uma nova forma de contratação dos professores, por módulos, embora o sistema de atribuição de aulas permaneça o mesmo. No entanto, o professor lotado na própria escola pode optar por esta forma de contratação e assim ficar disponível durante todo um período para substituir os professores que necessitem faltar.

Foram três anos de pesquisa e de construção de experiências de docência compartilhada em torno de uma proposta multidisciplinar de ensino, com ênfase em conteúdos culturalmente relevantes para aquela comunidade. As ações mobilizaram alunos e professores, de forma que muitos desses docentes sentiram-se estimulados pelo trabalho em equipe, retomando propostas anteriores que haviam sido abortadas por falta de apoio da equipe gestora. Finalizada a pesquisa, ocorreram vários eventos que modificaram totalmente as circunstâncias em que deixamos a escola. Na época, os professores sentiam-se fortalecidos pelo trabalho em equipe, mobilizando-se a ponto de garantir a continuidade da pesquisa, mesmo diante de ameaças e pressões de instâncias superiores que a colocaram muitas vezes em risco. Logo depois, houve a exoneração do serviço público da diretora da unidade escolar pesquisada, como resultado de um longo processo envolvendo denúncias de má gestão e maus tratos aos funcionários. Infelizmente, quando retornamos à escola no ano passado, soubemos que as direções e coordenações que a sucederam foram ainda mais desastrosas, uma vez que preponderaram as intervenções autoritárias que corroeram a autoridade dos professores,[9] resultando em mais violência no interior do espaço escolar, particularmente contra os docentes. A maioria deles solicitou transferência, alguns se aposentaram e outros se afastaram por motivo de saúde. De toda a equipe que atuou conosco, restaram apenas três professores na escola. Uma delas, antes afastada, foi convidada a retornar para atuar na secretaria, o que tem sido fundamental para se reatar o fio desta

---

9   Ressalte-se que o objetivo central da pesquisa era restaurar a autoridade do professor em novas bases, o que acreditamos ter sido possível no decorrer do trabalho na escola. Mas, como foi possível constatar, a continuidade do processo instaurado na escola dependeria das políticas públicas implantadas pela equipe gestora.

história, pelo suporte dado por ela à nova direção em seu propósito de restabelecer o diálogo com os professores e a comunidade.

Quanto à comunidade do Real Parque, ela também mudou muito desde que as últimas duas gestões municipais – dos prefeitos Kassab e Haddad – deram início à reurbanização da antiga favela do Real Parque. Mas, para isso, foi preciso muita luta dos moradores, seja contra a reintegração de posse de um terreno de 17 mil metros quadrados em 2007, que foi impetrada pela Empresa Metropolitana de Águas e Energia (EMAE), do governo estadual, seja, posteriormente, contra incêndios criminosos, como o que ocorreu em 2010. Movido por essas pressões populares, em 2008, foi feito o cadastramento das famílias, mas a construção dos prédios só teve início em 2010, após o referido incêndio, em alguns terrenos desapropriados pela Prefeitura de São Paulo para esse fim. No lugar dos barracos e casinhas coladas umas às outras, hoje é possível visualizar prédios vistosos e bem melhor construídos[10] do que os antigos Cingapura – um conjunto de pequenos edifícios mal-acabados erguidos pela gestão do ex-prefeito Pita com a finalidade de encobrir as favelas que existiam em áreas nobres da cidade e que eram avistadas das Marginais Pinheiros e Tietê. Conversando com antigas lideranças, percebemos que embora a gestão atual da prefeitura consulte mais a comunidade antes de tomar qualquer decisão, o plano de reurbanização e

---

10 É preciso observar que, mesmo com a reurbanização, a segregação permanece. Em janeiro de 2011, por exemplo, cerca de nove condomínios de luxo da região do Morumbi entraram com ação junto ao Ministério Público Estadual, para embargar a construção desses prédios populares, alegando que as "obras da prefeitura começaram sem a conclusão de estudos de impacto ambiental e de trânsito na região por causa do núcleo habitacional"(BENITES; DUTRA, 2011). Uma iniciativa que evidencia o preconceito e a discriminação em relação aos primeiros moradores da região que prestam, ainda hoje, serviços justamente a esses mesmos condomínios.

de verticalização da favela não tomou em consideração o modo de vida e os costumes da população local. Apesar disso, não podemos deixar de observar que os condomínios foram pensados de modo a facilitar a relação entre os moradores, com passarelas que saem das ruas e se integram às varandas de circulação dos andares intermediários.

Tivemos ainda a oportunidade de conversar com jovens que se revelaram rappers promissores na época da pesquisa e que hoje trazem suas mensagens de protesto em suas músicas. Enquanto conversávamos, pudemos relembrar como tudo aquilo havia começado: depois das lutas de resistência da comunidade, interrompendo a Marginal Pinheiros para protestar contra a reintegração de posse feita em 2007 – episódio que envolveu o enfrentamento da polícia, que agiu com muita violência –, parte dos moradores obteve o direito à garantia de uma moradia, graças à atuação daquelas jovens lideranças mencionadas inicialmente.[11] Recordamo-nos, ainda, do incêndio de 2010,

---

11 Na época, a mobilização dos moradores, sob a liderança das jovens mencionadas acima, conseguiu barrar a reintegração de posse, entrando com um recurso feito por intermédio da Defensoria Pública junto ao Tribunal da Justiça, que solicitou a suspensão da reintegração de posse do terreno da EMAE, com a justificativa de que havia documentos que comprovavam a moradia de famílias no local, desde 2002, o que pela lei brasileira configurava usucapião e a possibilidade de transferência do título de propriedade do terreno aos moradores. Na verdade, o argumento que fundamentou o pedido referia-se à usucapião especial urbano (de cinco anos), que foi criado para dar oportunidade de acesso à propriedade urbana e, consequentemente, garantir moradia às camadas desfavorecidas da população das grandes cidades, que são obrigadas a se manter em uma posição de ilegalidade, clandestinidade e precariedade habitacional, mesmo havendo terrenos vazios com vistas às especulação imobiliária.

que deixou mais de 1,3 mil famílias desabrigadas,[12] depois do qual os moradores mobilizaram-se exigindo "moradia decente e digna".

Ou seja, a reurbanização não veio de graça. Mesmo que tenha sido planejada de um modo que alterou significativamente a vida da comunidade, foi uma vitória do movimento dos moradores dessa região, que inclusive são os mais antigos do bairro Morumbi.

Com esta apresentação, esperamos ter ressaltado a importância da realização de pesquisas como esta, estabelecendo parcerias com os professores, de modo a reconstruir com eles não apenas sentidos renovados de docência, como também contribuir para repensar as bases do exercício da autoridade do professor a partir de conteúdos e recursos didáticos culturalmente relevantes para a juventude atendida. É necessário sublinhar, no entanto, que para cada comunidade pesquisada, novos conteúdos apresentar-se-ão como prioritários. E também que a continuidade de projetos renovados de ensino dependerá do modo como essas iniciativas forem implementadas pelas políticas públicas de educação, para que professores e alunos não fiquem à mercê das arbitrariedades da equipe gestora e das instâncias superiores, a cada nova gestão municipal.

Gostaríamos ainda de ressaltar que após dez anos de trabalho de pesquisa com a abordagem teórico-metodológica inaugurada na EMEF José Alcântara, foi possível estabelecer parceria com o DOT Etnicorracial da Secretaria Municipal de Educação de São Paulo (SÃO

---

12 De acordo com o Relatório do Projeto Casulo: "Na madrugada de sexta-feira do dia 24 de Setembro de 2010, a Favela do Real Parque teve um de seus maiores incêndios já ocorrido. Como resultado, a destruição total de mais de 320 barracos e deixando cerca de 1.300 famílias desabrigadas" (PROJETO CASULO, 2011).

MÔNICA DO AMARAL

PAULO, 2014). Uma iniciativa importante foi a abertura do edital[13] de contratação de artistas dos movimentos populares, em 2015, no sentido de contribuir com as escolas do município, para a efetivação das Leis 10.639/2003 e 11.645/08, que torna obrigatória a inclusão da história da África e das culturas afro-brasileiras e indígenas no currículo das escolas públicas e privadas de educação básica.

---

13 Referimo-nos ao Edital da SME da cidade de São Paulo, de contratação de artistas populares, que foi publicado em setembro de 2014, com processo de seleção desencadeado em janeiro de 2015. Quero aqui ressaltar o empenho do coordenador da Equipe do Núcleo de Educação Etnicorracial, Rafael Ferreira Silva, para que a contratação dos artistas, por meio desse edital, fosse convertida em política pública do município.

PRIMEIRA PARTE

Formação em crise e o declínio da
autoridade do professor

CAPÍTULO I
Introdução

A apreensão da dimensão histórico-cultural das culturas juvenis, de protesto, dessas populações residentes em regiões periféricas da cidade de São Paulo permitiu-nos proceder ao rastreamento intransigente do potencial crítico contido no marginal, no fragmento, no acessório, ou seja, nas culturas que têm sido, se não negadas, negligenciadas pela cultura escolar. É preciso observar que as formas de expressão estéticas dessas culturas apresentam forte ressonância da diáspora afro-americana e afro-indígena-brasileira. Trata-se de uma dimensão pouco explorada pelos estudiosos das culturas juvenis, porém incansavelmente lembrada pelos rappers – do movimento hip hop e do funk – e evidenciada pelas produções poético-musicais dos alunos.

A irreverência e a criticidade de alguns rappers e o gingar alegre do corpo erótico proposto pelo funk sugerem um novo cenário para as metrópoles do país, em que a pluralidade da arte juvenil surge como forma de enfrentamento das marcas deixadas por fraturas sociais profundas. E eles o fazem, reatando a antiga concepção "policromática" da arte – presente entre os gregos, assim como nas raízes africanas da música e da dança –, ao mesmo tempo que retomam a força da tradição oral, convertendo-a em "atos de linguagem". À estética subversiva do hip hop, o funk acrescenta o humor, que associado ao lado agressivo e sensual de suas danças, constitui uma crítica social de outra ordem.

Em meio à dissonância musical produzida por um sofisticado aparato eletrônico, as artes de rua reunidas em torno do hip hop e do funk promovem efeitos de estranhamento estético, que expressariam a "consciência excluída da sociedade".[1] A noção de estranhamento foi empregada por Adorno (1974) para se referir às ressonâncias de natureza estético-social da arte musical de vanguarda (no caso, as músicas dodecafônica e atonal) – reconhecida por este importante filósofo alemão, como portadora de potência crítica – à qual nos reportamos para pensar a propósito de uma expressão musical contemporânea: o rap. Ao recorrer a uma combinação do canto falado, pautado por uma narrativa direta e cortante, e sonoridades dissonantes, as mais diversas – como o som de um galo cantando, de uma brecada brusca de um carro, ou de tiros – nos joga no "coração da periferia", constituindo o que Béthune (2003) chamou de verdadeiros "atos de linguagem".[2] E, desse modo, promove uma espécie de estranhamento na escuta e nas formas de apreensão estética comumente veiculadas pela indústria

---

1   Esta é uma expressão utilizada por T. W. Adorno (1974) a propósito dos efeitos da brevidade das frases melódicas criadas por Schöenberg e Webern na consciência social, as quais, segundo ele, expressariam não apenas a "densidade e consistência formais", em que não há lugar para o supérfluo, mas também a "consciência angustiada" do homem moderno. Depreende-se desta ideia e do conjunto de suas reflexões sobre a "nova música" (dodecafônica e atonal), o modo como o autor extrai sua teoria crítica da sociedade a partir da experiência estética singular e, com isso, acentua a precedência do particular sobre o universal, do alegórico sobre o simbólico (cf. Habermas, 2002).

2   Trata-se de um termo empregado por Béthune (2003) para se referir ao caráter mimético e dramático da linguagem empregada pelos rappers. Ao vociferarem contra as injustiças com tamanho realismo, em que o canto falado é acompanhado de todos os recursos sonoros para obter tal efeito, faz com que, muitas vezes, suas músicas sejam confundidas com uma verdadeira incitação à violência e ao crime.

O QUE O RAP DIZ E A ESCOLA CONTRADIZ

cultural, fazendo o expectador entrar em contato, de um outro modo, com a dimensão excluída da consciência social.

A lacuna entre o passado e o futuro – considerada central por Hannah Arendt (1992) para se compreender o declínio da autoridade, assim como a perda de referência na tradição (greco-romana) da Civilização Ocidental[3] – fez-se presente no espaço escolar, como consequência do distanciamento entre a racionalidade eurocêntrica do sistema de ensino vigente e as culturas juvenis, que faziam ecoar em suas danças e músicas, as culturas afro-brasileiras e indígenas. Observou-se um verdadeiro descompasso entre as expectativas dos professores e as dos alunos, particularmente no que diz respeito ao significado da escola, que parecia perder espaço em relação a outros meios de formação para a atual juventude. Referimo-nos aqui a uma "formação" de outra ordem, propiciada pelo avanço atual da indústria cultural nos campos digital e eletrônico, a partir dos quais os rappers têm promovido uma espécie de "telescopia histórica",[4] no entendimento de um estudioso do

---

3   A questão da autoridade em Hannah Arendt (1992), e de sua ruptura, assim como as consequências desse processo na educação só podem ser entendidas pelo modo como a autora as associa à diluição da tradição na modernidade em razão da lacuna criada entre o passado e o futuro. A questão para a autora não é "reatar o fio da tradição", mas saber como se mover nessa lacuna. A autora sustenta ainda que as formas totalitárias de regime instauradas no período entreguerras teriam sido uma consequência da quebra das autoridades tradicionais, representadas pelas formas de governo e sistema partidário. Acontece que essa quebra da autoridade política acabou incidindo sobre as esferas pré-políticas, como a família e a educação, abalando também a autoridade de uma geração sobre a outra e, desse modo, afetando seriamente a transmissão.

4   Este termo foi empregado por Béthune (2003) para se referir às práticas de decomposição rítmica do rap, por meio das quais este gênero mistura estilos musicais, os mais variados, e promove uma espécie de recomposição meló-

jazz e do rap, Christian Béthune (2003). Esse conceito é empregado, neste livro, para se referir às histórias não contadas das populações periféricas afro-indígenas, fazendo ressurgir nas rodas de canto falado de algumas dessas culturas juvenis, as dores da exclusão que se estendem a um passado relegado ao esquecimento. Tal passado diz respeito, não apenas à diáspora afro-americana, mas também àquela que se fez presente nos inúmeros movimentos migratórios das regiões norte e nordeste para a região sudeste deste país. As vivências históricas fragmentadas que resultaram deste processo são recolhidas e recompostas por meio da e na narrativa do rap, a qual embora aparentemente esteja presa ao presente, faz eco a um passado de opressão e de espoliação a que foram submetidas nossas populações historicamente prejudicadas.

Em contraposição às imagens de violência e do erotismo beirando o grotesco, frequentemente associadas pela mídia às manifestações do hip hop e do funk, buscamos demonstrar como estas, ao contrário do que é usualmente veiculado, envolvem, na verdade, diversos elementos estéticos capazes de produzir uma espécie de "reversão dialética"[5] da razão ordenadora totalizante, tal como tem sido imposta pela globalização da cultura. E conduzindo esta última ao limite, finda por negá-la em seus aspectos reificadores. Queremos dizer, que o hip

---

dica utilizando-se dos recursos da informática, o que lhe permitiu reunir e discernir objetos e vivências distantes no tempo histórico.

5 Reportamo-nos ao termo empregado por Gatti (2009), para se referir ao traço fundamental do pensamento de W. Benjamin (1936, 1980) sobre a arte de massa, que aponta para uma espécie de *"dialética de distanciamento e aproximação"*, de acordo com a qual o "pensamento aproxima-se mimeticamente de seu objeto de crítica, assimilando-se perigosamente a ele, até o ponto de sucumbir à sua força regressiva, como se essa fosse a única estratégia ainda disponível para sustentar um mínimo de distância crítica capaz de salvar suas potencialidades salvadoras" (GATTI, 2009, p. 299).

hop, por exemplo, mimetiza em suas músicas a violência e o crime, chegando quase a sucumbir a estes, como única estratégia possível de denúncia da injustiça e da exclusão social a que são submetidos os jovens pobres e negros das metrópoles; já o funk recorre a uma imagem "debochada" da sexualidade, pondo a nu o que há de mais depreciativo sobre a mulher, como uma forma, justamente, de colocar em questão o machismo brasileiro; e o faz com o humor que lhe é característico, aliado à tonalidade agressiva e sensual de suas danças.

Estas foram as principais ideias desenvolvidas a partir da referida pesquisa de campo, como parte do Programa de Melhoria do Ensino Público da Fapesp,[6] realizada por cerca de três anos ininterruptos na EMEF José Alcântara, que atendia a duas comunidades, numericamente expressivas da região sul de São Paulo – Paraisópolis e Real Parque.[7] Como resultado de um levantamento inicial, onde identificamos os problemas nevrálgicos em sala de aula e os interesses dos alunos, organizamos intervenções em sala de aula, realizadas, de início, quinzenalmente, durante um mês e meio e, depois, durante todo um semestre – contando com a participação de professores e orientandos na preparação e na execução dessas mediações em sala de aula. Essas intervenções converteram-se em verdadeiras experiências de docência compartilhada entre pesquisadores da universidade e professores-pesquisadores, os quais atuaram juntos em sala de aula

---

6   Sob o título "Culturas Juvenis x Cultura Escolar: como repensar as noções de tradição e autoridade no âmbito da educação?" (Processo Fapesp: 2006/52034-2).

7   Segundo dados da Secretaria de Habitação (SEHAB, junho 2008), residiam nas comunidades do Real Parque e Jardim Panorama, respectivamente, 1.110 e 460 famílias, que lá se instalaram desde 1950. As famílias eram compostas, em sua maioria, por seis pessoas, com uma renda mensal média de um a três salários mínimos (Cf. PROJETO CASULO, 2011).

MÔNICA DO AMARAL

e depois, debruçaram-se sobre cada situação vivida com os alunos tomando-a como objeto de reflexão e análise.

Após essa experiência intensiva de trabalho conjunto entre alunos e professores, identificamos a potência crítica do rap entre os garotos e a afirmação feminina que o funk assumira entre as garotas. Essa experiência nos fez refletir sobre os nossos valores e teve um impacto especial junto aos professores pesquisadores, no sentido de fazê-los repensar sua relação com os alunos e com o próprio conhecimento, o que acabou resultando em diferentes projetos de ensino/pesquisa, por meio dos quais se procurou integrar os conteúdos das disciplinas, tomando em consideração o multipertencimento étnico e cultural dos alunos.

Isso envolveu, portanto, todo um trabalho de investigação empírica que permitiu a apreensão da riqueza e da complexidade de uma escola pública com aquelas características (uma vez que atendia a uma comunidade antiga, oriunda de uma região de Pernambuco, onde houvera no passado colonial uma política de aldeamento forçado entre sertanejos, ex-escravos forros e indígenas) e que acabou alimentando mais de uma dissertação de mestrado e minha própria tese de livre-docência, que aqui publico como livro.[8]

---

8   Refiro-me às três dissertações de mestrado defendidas a partir deste trabalho de pesquisa conjunta: *A metamorfose de jovens lideranças que querem ser professoras: como a escuta analítica propicia a potência crítica da práxis*, de Tatiana K. Rodrigues (2008); *Reatando as pontas da rama: a inserção dos alunos da etnia Pankararu em uma escola pública na cidade de São Paulo*, de Edson Y. Nakashima (2009); *A rima na escola, o verso na história – um estudo sobre a criação poética e afirmação étnico-social entre jovens de uma escola pública de São Paulo*, de Maíra Soares Ferreira (2010). Esta última foi publicada pela editora Boitempo, com apoio do Ministério da Cultura, em 2012.

Nesta pesquisa, procuramos dar ênfase a um método de investigação que fosse capaz de apanhar a dimensão erótica e irreverente de algumas culturas juvenis cultivadas pelos alunos – com destaque para a estética do rap e do funk – que pareciam sugerir um novo cenário para as metrópoles do país, em que a pluralidade da arte juvenil surgia como forma de enfrentamento das marcas deixadas por fraturas sociais profundas – um olhar para o qual a escola não poderia permanecer alheia se quisesse propor um ensino significativo para os jovens daquela comunidade.

Nesse sentido, consideramos que somente uma etnografia do olhar que apanhasse a dimensão erótica – a "eróptica", segundo Canevacci (2005b) – e irreverente dessas manifestações poderia nelas identificar uma estética afirmativa e crítica, capaz de produzir uma verdadeira reversão dos valores em nossa sociedade, no caso, no interior da própria escola.

Apoiados em ideias como essas e em alguns conceitos-chave defendidos por Nietzsche, como a *"visão dionisíaca de mundo"*, a *"estética extrema"* e a *"transvaloração dos valores"*, bem como no *"erotismo"*, como o concebeu Bataille, procuramos delinear as rupturas – conceitual e de campo – conforme definidas pelo psicanalista Fábio Herrmann, envolvidas na reconstrução das noções de autoridade e tradição na sociedade contemporânea a partir das tendências apontadas, em particular, pelo rap e pelo funk. Um trabalho de reflexão que pressupôs, de um lado, um recorte epistemológico que rompia com concepções totalizantes da teoria crítica da sociedade – constituindo-se em um esforço de aproximação da teoria estética da nova música sustentada por Adorno e a estética extrema de Nietzsche e Bataille; de outro, um olhar cortante e atento à infinidade de sentidos e perspectivas que se abriam na leitura das expressões estéticas dos alunos pesquisados em uma escola pública encravada entre as comunidades

MÔNICA DO AMARAL

do Real Parque e Paraisópolis e os condomínios de luxo situados em um dos bairros mais ricos de São Paulo. Ressalte-se que a construção do método não se fez apartada do objeto e envolveu uma experiência de teorização imanente que fosse além da própria coisa;[9] por se tratar de intervenções em campo, envolvendo a subjetividade de alunos e professores pesquisadores, a ideia de "ruptura de campo"[10] sustentada pela teoria psicanalítica contemporânea nos foi essencial para fazer emergir a "prototeoria"[11] dos sujeitos pesquisados.

Nossa intenção é demonstrar que justamente o que move as comunidades da juventude nas periferias das grandes cidades – que clamam por serem escutadas, vistas e reconhecidas – encontra-se à margem do cotidiano escolar, como reflexo das tendências tecnicizantes do ensino e da construção desigual das condições de vida nas metrópoles. Referimo-nos aos tambores dos jovens, às danças sensuais do funk e às letras críticas dos raps que têm instaurado uma nova forma de posicionamento político das comunidades periféricas. Estas, se escutadas, podem fazer com que a sociedade repense os valores que a

---

9   Cf as ideias apresentadas por Adorno em debate com Goldman (1975).

10   Noção empregada por Herrmann (2001) para se referir a um processo imanente ao ato interpretativo, que, segundo o autor, estaria associado a um estado de irrepresentabilidade transitória, como condição do surgimento de novas representações que dariam corpo à "prototeoria" do sujeito. Noção muito distante da interpretação simbólica da qual se vale a psicanálise freudiana, que envolve uma espécie de tradução do material recalcado.

11   Prototeoria foi um termo utilizado por Herrmann (2001) para designar a teoria feita sob medida para cada paciente, que no caso dessa pesquisa teria que se adequar às exigências de nosso objeto. Pareceu-nos essencial uma escuta atenta aos reclamos dos jovens, presentes em suas produções estéticas de protesto, a partir da qual elaboramos formulações teóricas fundamentais, a nosso ver, para se repensar a noção de autoridade do professor.

sustentaram até então. Quando observamos os jovens elaborando as letras e ritmos de seus raps, desenhos e poesias – e assim construindo sua própria leitura da cidade e da sociedade em que vivem –, enquanto a escola permanece em grande parte surda a esses reclamos, começamos a compreender os motivos de tamanho distanciamento dos alunos em relação ao que lhes é oferecido como formação no âmbito escolar. Daí nossa intenção de contribuir com este trabalho, para uma reflexão sobre os rumos da educação pública de nosso país, sobretudo se considerarmos que uma escuta atenta aos apelos desses jovens possa nos fazer repensar a autoridade do professor, os valores que sustentam a relação entre os agentes escolares, os alunos e a comunidade, e por fim a própria relação da escola com o conhecimento, a arte e todo o rico e complexo matiz cultural e interétnico que constitui o tecido social das metrópoles brasileiras.

O mergulho no universo de interesses dos adolescentes de uma escola da periferia de São Paulo, com seus raps irreverentes, nos fez caminhar em direção aos estudos da estética musical que se pode depreender dos escritos de Nietzsche, bem como às críticas deste e de Theodor Adorno sobre a formação tecnicizante oferecida pelos estabelecimentos de ensino, que nos forneceram subsídios para repensar a autoridade do professor e as tendências tecnocráticas da formação escolar.

CAPÍTULO 2

A atualidade das ideias de Nietzsche e de Adorno a propósito da formação e da crise dos estabeleceimentos de ensino

Em primeiro lugar, gostaríamos de retomar o pensamento de Nietzsche, dada a atualidade de muitas de suas críticas ao sistema de ensino, sustentadas particularmente no artigo *Sobre o futuro de nossos estabelecimentos de ensino* (1ª ed. 1872, 2004), uma conferência proferida no mesmo ano de publicação de uma de suas obras fundamentais do primeiro período de sua produção (de 1870 a 1876), *O nascimento da tragédia* (1ª ed. 1872, 2008).

A tônica do artigo *Sobre o futuro de nossos estabelecimentos de ensino* (1872, 2004) reflete suas ideias a propósito da crise dos valores da modernidade no final do século XIX. Ao apresentar uma crítica aguda aos princípios norteadores da educação moderna, convida-nos a ousar pensar a formação de modo a "abrir novos horizontes para a experiência humana na história" (GIACOIA JÚNIOR, 2000, p. 17). Ao otimismo vulgar vigente, contrapõe "o sentido trágico da cultura grega" ou "o pessimismo mobilizador" de Schopenhauer. Opõe-se, na verdade, à submissão da cultura à produção industrial, assim como à divisão de trabalho a ela inerente que atinge as ciências e o próprio sistema de ensino; e por fim, critica a inexistência de uma visão filosófica de conjunto e a vulgarização do saber facilitada pela difusão jornalística do conhecimento.

Para Nietzsche (2004), a educação moderna atende apenas às exigências pragmáticas do mercado ou do Estado e promove uma educação medíocre, dada por mestres sem vocação, que por sua vez ministram disciplinas superficiais. Faltando, na verdade, o que ele chama de "guias espirituais" – os filósofos. O autor defende uma educação estética (inspirada em Schiller) e a formação do "espírito livre" para as quais contribuiriam filósofos e artistas no sentido de despertar os sentidos para a elevação da cultura. Embora muitas dessas ideias sejam desenvolvidas e ampliadas posteriormente em suas obras, opõe-se, neste artigo, a uma orientação metafísica que afaste a cultura da vida, sustentando, ao contrário, uma filosofia afirmativa que busque esgotar as possibilidades infinitas do Homem.

A finalidade última da cultura seria a formação de grandes homens por meio de uma filosofia que ligasse o saber à arte, prenunciando-se aqui suas ideias acerca da "metafísica do artista". Ao mesmo tempo em que remete às suas teses de sua última fase, em que passa a sustentar a vontade de poder, conceito que parece estar intimamente associado à afirmação da vida: somente a esses "homens superiores", capazes de compreender o conjunto da vida, poderia ser conferido poder. Sua condenação aos estabelecimentos de ensino deve-se à prioridade conferida pelos mesmos à adaptação em detrimento do pensar, ou mais especificamente ao "esquematismo lógico" imposto pela tradição socrático-platônica que atravessa as ciências e que passou a imperar na educação moderna.

Analisemos mais detidamente o texto de Nietzsche, *Sobre o futuro de nossos estabelecimentos de ensino* (2004), que compreende dois prefácios e cinco conferências. A ideia sustentada pelo autor aparece desde o primeiro prefácio, onde propõe que a discussão sobre a educação não pode deixar de estar relacionada ao patrimônio cultural de nossos antepassados, ou ao "espírito ideal de onde nasceram" (NIETZSCHE, 2004, p. 43). No entanto, distante de um tom profético que se possa identificar no interior desse mesmo patrimônio cultural e de seu sucedâneo, ou seja, a cultura reinante nas escolas, o que o autor defende em relação ao futuro dos estabelecimentos de ensino é a superação de tudo que possa se colocar como distante da natureza:

> Que se me permita adivinhar o futuro, como um arúspice[1] romano, nas entranhas do presente, o que, no caso que nos ocupa, significa somente anunciar a vitória futura de uma tendência da cultura que já existe, ainda que no momento ela não seja nem amada, nem honrada, nem divulgada. Ela vencerá, tenho plena confiança nisso, porque possui o maior e o mais poderoso aliado, a natureza: e não temos o direito de silenciar sobre o fato de que muitos pressupostos dos nossos métodos educacionais modernos levam consigo o caráter do não natural e que as mais graves fraquezas do nosso tempo estão justamente ligadas a estes métodos antinaturais da educação (NIETZSCHE, 2004, p. 43).

É preciso observar que a visão de Nietzsche sobre a cultura, segundo a perspectiva da metafísica do artista – que vai delineando-se nesse período de seu pensamento –, aponta para um prazer estético que promove – como sustenta Assoun (2008, p. 290) –, no interior da oposição entre essência e aparência, entre Apolo e Dionísio, "a alegre esperança de que o arcabouço da individuação será rompido e o pressentimento de uma unidade restaurada". É então no coração do instinto – ou na fisiologia do artista – que se produz o prazer estético que Nietzsche (2005a) pretende opor a tudo que nega a vida: a ciência,

---

1 Cf. nota apresentada à edição brasileira pela tradutora de Noéli Correia de Melo Sobrinho, "Arúspice é um sacerdote romano da Antiguidade que fazia prognósticos e presságios, consultando as entranhas das vítimas"(NIETZSCHE, 2004, nota 2, p. 43).

a religião e todo conhecimento racional. Essa é uma ideia que fora sustentada por Heidegger (2007) e que é retomada por Assoun (2008). Este, em seus ensaios de aproximação das ideias de Nietzsche ao pensamento freudiano, sugere-nos o que talvez o primeiro quisesse dizer com uma educação que se aproximasse da natureza do humano – algo que faria eco[2] ao campo pulsional, tal como formulara Freud em suas teses sobre as pulsões de vida e de morte.

Nietzsche (2005a) salienta duas tendências presentes nos estabelecimentos de ensino, "ambas nefastas nos seus efeitos e finalmente unidas nos seus resultados": uma que estende tanto quanto possível a cultura; e outra que procura reduzi-la e enfraquecê-la. Quanto à primeira, está referindo-se à tendência à universalização do ensino, abrangendo diversos domínios da ciência, promovida pelo Estado moderno; a segunda, associada à primeira, que, ao se restringir às exigências pragmáticas, acaba renunciando à sua "soberania" e se submetendo aos ditames do Estado.

Ele propõe como solução, exatamente o inverso das duas tendências: a tendência ao "*estreitamento* e à *concentração* da cultura como réplica à extensão; e a tendência ao *fortalecimento* e à *soberania* da cultura, como réplica à redução" (NIETZSCHE, 2004, p. 45).

Embora louvável a defesa da soberania do saber, fica evidenciado o elitismo do posicionamento de Nietzsche em prol de uma cultura para poucos. Ele chega a sustentar que esta sim seria uma "lei necessária da natureza".

Esclarece, já no segundo prefácio, para qual tipo de leitor está dirigindo seus escritos e com isso deixa claro o que entende por "ho-

---

2   Assoun (2008) pondera que muitos dos conceitos de Nietzsche promovem uma espécie de "efeitos de ecos discordantes" em relação às formulações de Freud. Portanto, embora alguns conceitos empregados por ambos toquem-se de perto, há que se fazer a ressalva de que não têm o mesmo significado.

mem cultivado": aquele que percorre "toda a via das profundezas da experiência até o cume dos verdadeiros problemas da cultura" (NIETZSCHE, 2004, p. 46), desprezando todo aquele que se dedica aos regulamentos mais áridos e à elaboração dos quadros mais esmerados. Evidencia-se, desse modo, sua forte resistência à onipresença da burocracia estatal na educação e à cultura de massa. Suas críticas dirigem-se ainda à tendência que se anuncia na modernidade, em que os homens se veem arrastados pela "pressa vertiginosa de nossa época", sem tempo para refletir, perdendo com isso em densidade. Opõe-se nesse sentido ao pragmatismo apressado e destituído de reflexão inerente ao espírito moderno de produção industrial, o que atinge também a produção intelectual.

Na verdade, trata-se de uma crítica contundente à massificação da cultura, que tende a encaminhar-se no sentido contrário ao tempo longo inerente à sua verdadeira sedimentação. Ele põe em dúvida o desejo de universalização da cultura promovida pelo Estado, pois, a seu ver, este é movido muito mais pela ânsia de colocar sob o seu jugo toda a cultura. Por fim, Nietzsche (2004) diferencia claramente a cultura do homem culto da que seria própria ao homem erudito: enquanto o primeiro não se vê movido por fins utilitários, o segundo, ao dedicar-se ao conhecimento especializado, acabou deixando de lado o essencial. Ou seja, a divisão do trabalho das ciências está levando ao aniquilamento da cultura; de outro lado, a linguagem jornalística, que também atinge as ciências, completa a tarefa de destruir os pilares da cultura ao dar vazão à confluência entre a ampliação e a redução da cultura. Nietzsche afirma, por exemplo, que ninguém conseguiria levar o aluno ao mundo helênico, se antes disso ele tivesse se deparado com a leitura de um jornal ou de um romance da moda – referindo-se ao reino da pseudocultura, tema discutido amplamente por Adorno e Horkheimer, em a *Dialética do Esclarecimento* (1ª ed. 1947,1985).

Na 2ª Conferência, o autor dá prosseguimento ao diálogo hipotético da 1ª Conferência, entre o jovem filósofo e seu mestre, quando este último procura alimentar esperanças no primeiro, dizendo-lhe que o fim da pseudocultura estava próximo, uma vez que os homens dessa época ficariam cansados de tudo o que tiveram que passar na escola e "cada um desejará libertar pelo menos seus herdeiros desta opressão, ainda que ele próprio deva ser sacrificado" (Nietzsche, 2004, p. 67). Sua crítica à literatura pedagógica da época é impiedosa: onde reina uma "suprema pobreza de espírito" e uma "verdadeira brincadeira de roda infantil" (NIETZSCHE, 2004, p. 67). Ou seja, que pouco tem a ver com a verdadeira tarefa da educação, que é equiparada pelo autor à arte da "formação cultural".

Na 3ª conferência, Nietzsche (2004) deixa claro que o ideal de "cultura clássica" era apenas uma "ilusão pretensiosa" que subsistia na pretensão de se alcançar uma "cultura superior", mas que se distanciava cada vez mais das "forças sadias" da Antiguidade Clássica, com suas pretensões científicas envoltas em um "ambiente jornalístico". Referia-se, no caso, à tendência do ensino alemão ao supérfluo. Ele ressalta a importância do retorno à cultura clássica da Antiguidade grega, mas afirma que ela deveria ser conduzida por mestres capazes de levar o aluno a estetizar e a filosofar por si mesmo, como também a escutar "os grandes pensadores". Mas, adverte o autor, esse ensino deveria estar em íntima relação com o cerne da cultura nacional e não se constituir como um salto no vazio.

Conclui sugerindo que o Estado encontra na pseudocultura o seu aliado mais forte para realizar sua tarefa de domesticar os homens e dominar suas tendências hostis, egoístas e mesquinhas.

Na 4ª Conferência, perante o que Nietzsche (2004) considera um verdadeiro processo de destruição da cultura empreendida pelos estabelecimentos de ensino, guiados por mestres medíocres que promovem uma "erudição microscópica e estéril", o papel do filósofo seria de provocar, não meramente o espanto, mas o terror diante do que considera ser a barbárie. Esclarece, no entanto, que embora reconheça quão necessário seja aprender algo desta natureza na luta pela existência, considera que a cultura pouco tem a ver com as estratégias de sobrevivência. E tampouco com o desejo ambicioso de reputação e ascensão, pois tudo isso é muito distante da necessária "contemplação livre de subjetividade". Adverte-nos ainda sobre a distância entre a autêntica cultura e "os desígnios egoístas": "e quando alguém imagina tê-la capturado, para tirar dela algum proveito e apaziguar com sua utilização a miséria de sua vida, então, ela desaparece subitamente com passos inaudíveis e com uma expressão de escárnio" (NIETZSCHE, 2004, p. 104).

Aqui na verdade, o autor faz uma distinção interessante entre a criação que busca reconhecimento narcísico e aquela que é movida por uma verdadeira sublimação – no sentido atribuído pela psicanálise freudiana – ou ainda como estratégia de sobrevivência, parecendo referir-se aos funcionários do Estado ligados à educação e à cultura. Daí sustentar que não se deve confundir a cultura com a "escrava das carências da vida, do ganho, da miséria" (NIETZSCHE, 2004, p. 104).

No ensino desse caminho para os jovens, Nietzsche (2004) acredita que é preciso deixá-los encantar-se com a natureza e nela encontrar a unidade metafísica de todas as coisas; algo muito diverso do ensino especializado das ciências, que acaba, não apenas, corroendo a fantasmagoria poética nela contida, como corrompendo-a na tentativa de compreendê-la por meio da astúcia, destruindo a "única compreensão verdadeira e instintiva das coisas" (que, segundo o autor, se daria pelo contato imediato e ingênuo com a natureza).

Embora o autor condene tanto as escolas técnicas, quanto os ginásios (equivalentes ao nosso Ensino Médio), considera que ao menos as primeiras, com suas pretensões mais modestas, conseguem atingir seus objetivos. Mas o problema é que nenhum deles pode ser considerado propriamente um estabelecimento de cultura, pois para ele só há uma oposição que se deva dar atenção: entre os estabelecimentos para as necessidades da vida e os estabelecimentos para a cultura.

Na 5ª Conferência, Nietzsche (2004) propõe, então, uma imagem do que seria verdadeiramente a cultura, a única capaz de fazer face ao "espírito do tédio" que reinaria sem restrições entre os jovens que se encontram à deriva: um gênio que, conduzido pelas asas de sua fantasia, penetraria nas entranhas dos corpos dos jovens (meio--animais) e os despertaria realmente para a cultura; uma experiência de cultura em que o corpo veria a si mesmo, fecundado pela imaginação – uma bela imagem do saber ligado à vida e tão distante do que encontrara na Universidade. Enfim, uma experiência de formação cultural que, no caso de nossa pesquisa, encontrava-se muito distante do cotidiano da escola pública pesquisada, mas que nela começou a ser delineada por meio de nossa ação conjunta com os professores em sala de aula.

Enfim, embora a proposta de Nietzsche possa sugerir uma educação para poucos (os gênios), na verdade ela põe em questão os princípios que sustentam a universalização e a democratização do ensino moderno, que para ele resultaram no seu empobrecimento e na massificação da cultura.

Essa breve digressão a respeito das ideias de Nietzsche sobre a educação (2004), evidencia sua proximidade com o que sustenta o filósofo Theodor Adorno (1995a) sobre a formação. Ambos caminham no sentido inverso da visão tecnocrata da educação do regime militar implantado no país em 1964, cujos resquícios ainda se encontram presentes nas políticas adotadas pelos governos – estadual e de algum modo, também o governo federal –, com a ênfase dada às escolas técnicas e às avaliações de desempenho de alunos e professores (às quais têm sido condicionada a dotação de verbas às unidades educacionais e a ascensão no plano de carreira docente).

De forma inversa a essas tendências, o hip hop é uma arte juvenil que tem contribuído em diversas partes do mundo para a formação crítica e política da juventude em um sentido renovado. Um movimento cujos ensinamentos e crítica contundente ao sistema instituído pela globalização podem e devem fazer parte da construção de uma educação culturalmente relevante, voltada à emancipação da humanidade do jugo de uma razão tecnicista, pautada exclusivamente na apropriação de conhecimentos técnico-científicos.

Adorno, em seus estudos reunidos na coletânea *Educação e emancipação* (1995a), sustenta que a educação, ao se voltar exclusivamente ao "esclarecimento da consciência", pouco contribui para o aprofundamento do sentido de humanidade, na medida em que não tem propiciado uma experiência formativa tal como preconizara Hegel, em *A fenomenologia do espírito* (1ª ed. 1807, 1974).

Detenhamo-nos no que Hegel diz a respeito da experiência formativa em seu prefácio à *Fenomenologia do espírito*:

> O existir imediato do Espírito, ou seja, a consciência, possui os dois momentos, o momento do saber e o momento da objetividade que é negativo com respeito ao momento do saber. Quando o espírito se desenvolve nesse elemento e expõe os seus momentos, essa oposição incide em cada um deles, e todos surgem como momentos da consciência. A ciência de um tal caminho é a ciência da experiência que a consciência faz. A consciência não sabe e não concebe nada que não tenha lugar na sua experiência. Com efeito, o que está nessa experiência é somente a substân-

cia espiritual tomada, na verdade como objeto do seu Si. O espírito, no entanto, torna-se objeto, pois ele é esse movimento de tornar-se um outro, isto é objeto do seu Si, e de suprimir esse ser-outro. Esse movimento justamente é denominado experiência. Nele, o imediato, o não-experimentado, isto é, o abstrato, seja do ser sensível ou do simples que é apenas pensado, se aliena e, em seguida, retorna a si desta alienação. Somente então ele se apresenta na sua efetividade e verdade, e é também propriedade da consciência. (Hegel, 1974, p. 27).

No item "Consciência de si" desta mesma obra, Hegel (1939) sustenta, a propósito da dialética do senhor e do escravo, que o reconhecimento só se dá como "reconhecimento recíproco", esclarecendo, no entanto, que no caso do escravo, é pela mediação do trabalho que a consciência surge para o sujeito como consciência para si. Já segundo Marx, conforme bem observara Maar (1995), há que se atentar à práxis inconclusa da formação no presente, dado o caráter deformador do trabalho sob o Capital.

Embora seja pertinente essa ponderação a propósito da reinterpretação marxista das ideias hegelianas sobre a formação, parecem-nos fundamentais as ideias de Hegel para se pensar a alteridade no sentido dialético, quando este sugere a necessidade de o sujeito se deparar com uma segunda consciência, abrindo-se assim para outra dimensão da consciência subjetiva. Afirma, ainda, que para se atingir esse terceiro nível de consciência, é preciso que esse outro sujeito carregue consigo sua própria negação, sua autonegação. E é somente nesse encontro de duas consciências capazes de se auto-negarem, ou seja, como seres totais e autossuficientes (como todo não castrado, na linguagem psicanalítica), que os sujeitos têm acesso à consciência de si.

Entretanto, a diáspora do Atlântico, bem como aquela promovida pelo período pós-colonialista, resultaram em toda uma reconceituação no campo histórico-filosófico que pôs em questão a própria ideia de Estado Nação na qual se ancoraram as análises de Hegel e Marx. As ideias de Fanon (2008), por exemplo, foram desenvolvidas em outro contexto do debate emancipatório e racial, propiciado por um novo "circuito comunicativo que capacitou as populações dispersas a conversar, interagir e mais recentemente até a sincronizar significativos elementos de suas vidas culturais e sociais", conforme salienta Paul Gilroy (2012, p. 20-21). De acordo com este autor, a "autocriação" por meio do trabalho, como enunciara Hegel e, mesmo segundo Marx, com as restrições acima apontadas, como condição da formação da consciência e da "aquisição da liberdade", foi e tem sido "enfaticamente recusada em favor de outras estratégias de autoconstrução social que reinvindicaram o corpo do mundo do trabalho e o fizeram ao invés disso o *locus* do jogo, da resistência e do desejo" (GILROY, 2012, p. 16-17).

Foi, portanto, nesse novo contexto enunciado pelo pós-colonialismo, que Fanon, em sua obra *Pele negra, máscaras brancas* (2008), atualizou o debate ensejado por Hegel em um sentido contemporâneo, referindo-se ao sujeito negro que, ao ser assimilado à ideologia do branco, não encontra no trabalho a condição de sua libertação, mas ao contrário, vê-se aprisionado ao ideal do senhor. Embora, em outro momento da obra, ele tenha apontado para o necessário passo adiante a ser dado em relação a essa tese de Hegel, salientando como dependerá da ruptura com toda a racionalidade branca – na verdade prenhe de irracionalidade – e da negação desse outro de si (branco) que nele se inocula, para ir ao encontro de seu corpo negro, do ritmo e da consciência negra em sua "densidade absoluta".

Nossas pesquisas com a juventude negra, moradora do que se convencionou chamar de regiões periféricas de grandes cidades como São Paulo, apontam justamente que esta juventude tem encontrado sentido para suas vidas recriando-se por meio de estéticas urbanas, como a do hip hop e do funk. E por meio destas, seus corpos e mentes têm sido ressignificados na e pela dança e ritmos que fazem eco justamente à diáspora negra do Atlântico, conforme salientado por esses autores.

Adorno (1995a), embora não mencione a questão racial, pondera sobre o papel da "incultura", ou da "semiformação", alimentada pela formação técnico-científica voltada ao avanço da produtividade, assim como pela Indústria Cultural. Ambas teriam conduzido ao etnocentrismo e à barbárie de Auschwitz. Ele defende uma formação voltada à emancipação – que seria "resultante da crítica e da resistência à sociedade vigente responsável pela desumanização" –, capaz, conforme observa Maar no prefácio deste livro, de subverter justamente a tendência à "mera apropriação de instrumental técnico e receituário para a eficiência, insistindo no aprendizado aberto à elaboração da história e ao contato com o outro não idêntico, o diferenciado" (1995a, p. 27).

Façamos uma digressão sobre as consequências da tecnificação do ensino no cotidiano escolar, uma tendência das políticas de educação ainda não superada pelas diretrizes governamentais atuais, dada sua importância e dificuldades interpostas para a construção de uma formação tal como preconizadas por esses diversos autores.

É fundamental, nesse sentido, recuperar a história das últimas políticas adotadas no campo da educação, de maneira que possamos pensar como superar essa tendência à tecnificação da educação, que nos parece ser um dos maiores entraves para a pretendida redução da desigualdade social, assim como para a construção de um olhar voltado à diversidade étnica e cultural da população brasileira.

A precarização do trabalho do professor e a tecnificação da cultura escolar

De acordo com Oliveira, em seu artigo *A reestruturação do trabalho docente: precarização e flexibilização* (2004), as últimas reformas educacionais implementadas durante o governo de Fernando Henrique Cardoso, cujos eixos foram mantidos no governo Lula, poderiam ser resumidos pelo seguinte slogan: "transformação produtiva com equidade" (OLIVEIRA, 2004, p. 1129).

De acordo com a autora, o impacto das reformas educacionais observadas na década de 1990 é comparável às da década de 1960, com a diferença de que estas visavam à adequação ao modelo fordista e ao "ideário nacional-desenvolvimentista", enquanto que as dos anos 90 apontam para a realidade imposta por um novo fenômeno: a globalização.

A passagem de um ideário a outro implicou repensar a educação como condição de ascensão social, uma vez que a mesma deixa de ser vista como sendo capaz de responder às necessidades de uma melhor distribuição de renda. A política redistributiva que sustentava as reformas dos anos 1960, cujo eixo era a questão da mobilidade social, é convertida nos anos 1990 em uma política voltada para a "equidade social", formando os indivíduos para a empregabilidade, ao mesmo tempo em que são associadas às políticas compensatórias que visam a "contenção da pobreza".

Dentro dessa perspectiva, iniciou-se uma série de reformas envolvendo a descentralização do planejamento e gestão (atribuindo essas funções à escola); o financiamento *per capita* por meio do Fundef;[3] a regularidade e a ampliação dos exames nacionais (Saeb,[4] Enem,[5] Enade[6]); avaliação institucional e mecanismos de gestão que incluem a participação da comunidade. A gestão escolar passou a ser orientada por princípios relacionados às teorias de administração de empresas, que são transpostos para a escola seguindo os mesmos critérios de produtividade, eficácia, excelência e eficiência.

A "Conferência Mundial sobre Educação para todos", realizada em Jomtien, Tailândia, em março de 1990, representou uma tentativa de estabelecer a equidade social pela via da expansão da educação básica, de modo a alcançar os países mais pobres e populosos do mundo. Os países em desenvolvimento foram obrigados a cumprir esta meta, procurando expandir o atendimento das necessidades de educação da população, porém sem aumentar na mesma proporção o nível de investimentos. A ideia era não mais promover a ascensão social, mas diminuir os efeitos da miséria e propiciar caminhos de sobrevivência para aqueles em "situação vulnerável"; mas por outro lado, permitir também o ingresso ao mercado de trabalho pelo acesso à "cultura escrita, letrada e informatizada". Conforme a autora: "Observa-se, então, um duplo enfoque nas reformas educacionais que se implantam nesse período na América Latina: a educação dirigida à formação para o trabalho e a educação orientada para a gestão ou disciplina da pobreza". (OLIVEIRA, 2004, p. 1131).

---

3   Fundo de Manutenção e Desenvolvimento do Ensino Fundamental e de Valorização do Magistério.

4   Sistema de Avaliação da Educação Básica.

5   Exame Nacional do Ensino Médio.

6   Exame Nacional de Desempenho de Estudantes.

Como tudo isso passou a ser realizado? Pela via da padronização e massificação de procedimentos administrativos e pedagógicos, reservando às unidades escolares o papel de implementá-las, permitindo, por meio dessa descentralização, a obtenção de recursos da comunidade e do estabelecimento de parcerias.

Trata-se de uma combinação que em muito se distancia dos ideais de formação preconizados pelos filósofos Nietzsche e Adorno, e que ao contrário do pretendido pelos órgãos governamentais, tem produzido uma verdadeira fissura entre a cultura escolar e os ideais da juventude em idade escolar, além de sobrecarregar os professores com tarefas que pouco contribuem para um intercâmbio significativo entre educadores e educandos.

Segundo Oliveira (2004), essa forma de proceder do Estado, pela via da combinação do planejamento e controle centrais das políticas e pela descentralização administrativa, tem onerado muito os professores. Como consequência dessas políticas, os professores estão sendo obrigados a exercer funções que vão muito além de sua formação, tais como: agente público, assistente social, enfermeiro, psicólogo etc. Tudo isso tem contribuído para a descaracterização do professor (perda de sua identidade profissional), dando a impressão de que a prática de ensino não seja o mais importante – um sentimento que é reforçado pelo "voluntarismo e comunitarismo", presente no ideário da expansão da educação para todos.

Mas, como foi possível depreender dos depoimentos de alguns professores, a questão é bem mais complexa, uma vez que os docentes são muito críticos em relação ao assistencialismo que tem predominado nas atribuições conferidas pelos órgãos governamentais à escola pública. De outro lado, muitos deles defendem que se ofereça aos alunos um conhecimento significativo, o qual, associado à restrição do conteúdo, deveria ser escolhido segundo o que se lhes demonstrara ser de maior relevância para aquela comunidade. Desse modo, seria oferecido aos alunos um ensino de qualidade, capaz de assegurar as condições necessárias para a formação de uma consciência crítica. Uma posição próxima à de Dubet (1ª ed. 1997, 2004), que defende a ideia de propiciar aos alunos de baixo poder aquisitivo, pouco conteúdo, mas de qualidade, e não um volume imenso de informações sem nenhuma utilidade para eles.

Dentro dessa linha, o papel do professor é ampliado, além de ser descaracterizado, uma vez que se atribui a ele funções que extrapolam o ato de transmissão, como: organização e gestão escolares, planejamento e elaboração de projetos, discussão de currículo e avaliação. Como resultado da ampliação do escopo do trabalho docente, de natureza cada vez mais multifacetada, as análises sobre o papel do professor também têm exigido maior complexidade no tratamento teórico-conceitual, assim como têm sido modificados os enfoques teórico-metodológicos.

Oliveira (2004) observa que os estudos mais abrangentes apareceram nas décadas de 1970 e 1980, justamente no momento em que os professores mais lutaram pela valorização e profissionalização docente. Esses estudos sustentaram paradoxalmente as teses de "desprofissionalização e proletarização" crescente do magistério. A autora esclarece, no entanto, que a profissionalização estava dissociada da capacitação ou qualificação e atrelada ao posicionamento social e ocupacional – e que, portanto, podia perfeitamente andar junto com sua proletarização. Na verdade, os professores, na tentativa de se autoprotegerem da proletarização e da perda de controle sobre o processo de trabalho, apegavam-se equivocadamente à ideia de profissionalização como condição de "preservação e garantia de um estatuto profissional que levasse em conta a autorregulação, a competência específica,

O QUE O RAP DIZ E A ESCOLA CONTRADIZ

rendimentos, licença para atuação, vantagens e benefícios próprios, independência etc." (OLIVEIRA, 2004, p. 1133).

Essa perda da autonomia dos professores foi analisada ainda segundo outro ângulo, na linha sustentada por uma autora portuguesa, Rodrigues (2002), que pondera sobre outros fatores em jogo na universalização do ensino: o surgimento de consumidores menos passivos, trazendo consigo um melhor nível educativo e informacional (quanto a isso, temos dúvidas no que se refere à realidade da juventude brasileira, particularmente aquela que não tem uma firme orientação em casa e na escola sobre o uso da internet), que teria como consequência a perda da confiança nos professores por parte do corpo discente, o que resultaria em "perda de autonomia, do poder e da autoridade" (OLIVEIRA, 2004, p. 1134).

Além disso, como reflexo das lutas sociais no Brasil em defesa da escola pública e democrática, esta foi obrigada a pensar em mecanismos de participação democrática na gestão das escolas. Ocorre que a participação de alunos e comunidade nas decisões da escola tem contribuído para aumentar a ameaça do professor, sobretudo quando se tenta interferir na "caixa-preta" do professor, como conteúdos pedagógicos, didática e formas de avaliação. Diante disso, "muitos professores veem-se ameaçados quando a chamada 'caixa-preta' da sala de aula é desvelada e muitas vezes reagem de forma violenta a essas tentativas" (OLIVEIRA, 2004, p. 1135). Ameaça que se aprofunda quando se discute que não há conhecimentos específicos, os quais podem ser discutidos por todos aqueles que queiram contribuir em defesa da escola pública. Oliveira (2004) menciona ainda outros autores que salientam como a desqualificação do professor passa também pela transferência dos seus conhecimentos, não só para os consumidores e público em geral, mas para os computadores e manuais.

MÔNICA DO AMARAL

Portanto, uma desqualificação que não pode ser explicada apenas por questões endógenas ao trabalho docente. O fato é que os docentes sentem-se inseguros, objetiva e subjetivamente, diante dessas novas exigências. É certo que não estamos mais diante de uma escola verticalizada, transmissiva e autoritária, no entanto, está longe de se encontrar democratizada, contando com ampla participação de todos. O que se observa, na realidade, são docentes muito exigidos sem o amparo necessário e tendo suas condições de trabalho bastante precarizadas. Contribuem ainda para tal situação o quadro traçado pela autora:

> O aumento dos contratos temporários nas redes públicas de ensino, chegando, em alguns estados, a número correspondente ao de trabalhadores efetivos, o arrocho salarial, o respeito a um piso salarial nacional, a inadequação ou mesmo ausência, em alguns casos, de planos de cargos e salários, a perda de garantias trabalhistas e previdenciárias oriunda dos processos de reforma do Aparelho de Estado têm tornado cada vez mais agudo o quadro de instabilidade e precariedade do emprego no magistério público (OLIVEIRA, 2004, p. 1140).

Como foi dito anteriormente, nossas pesquisas têm identificado uma tendência à tecnificação do ensino e à burocratização do cotidiano escolar que ainda não foi superada pelas diretrizes atuais das políticas de educação, que, por pressão dos movimentos sociais, têm apontado a importância da associação da formação escolar a ações culturais, dentro e fora da escola, como a que tem sido propiciada pelos programas federais "Mais Educação" (MEC)[7] e "Mais Cultura

---

7   Ministério de Educação.

nas escolas" (MINC)[8], como resultado da integração entre o "Plano Nacional da Cultura" (PNC) e o "Plano Nacional da Educação" (PNE). Como bem salienta o jornalista e historiador, Luis Paulo Domingues, no artigo "Parque Oziel: revolução cultural", publicado no Encarte Especial Educação – cultura e valorização nas escolas, da revista *Caros Amigos*:

> O programa "Mais Cultura nas Escolas" foi criado com o objetivo de representar um salto qualitativo das atividades artísticas e culturais que já eram desenvolvidas nos "Programas Mais Educação" (desde o ano de 2007) e "Ensino Médio Inovador" (desde 2011) pelo Ministério da Educação. Puderam se inscrever na primeira edição do programa cerca de 34 mil escolas, marcando o início da interação estratégica entre o Plano Nacional de Cultura (PNC) e o Plano Nacional de Educação (PNE). Desse modo, o "Mais Cultura nas Escolas" promove o encontro de iniciativas culturais e projetos pedagógicos de escolas públicas de todo o Brasil, reconhecendo os fazeres culturais dos diferentes territórios, reconhecendo a escola como espaço de circulação e promoção da diversidade cultural brasileira, oferecendo aos alunos, em contraturno, vivências artísticas e culturais que estimulam a criatividade no processo de ensino e aprendizagem. A meta é fazer da escola e da universidade espaços prioritários de promoção de competências criativas, produção e circulação da cultura brasileira, promovendo a aproximação entre o saber esco-

---

8   Ministério da Cultura.

lar e os saberes comunitários no currículo e na vivência da escola (DOMINGUES, 2015, p. 19).

Por fim, não há como negar a importância da aprovação do Plano Nacional de Educação (sancionado no dia 25/06/2014), que sem dúvida representa um avanço no que diz respeito à obrigatoriedade da destinação de 10% do PIB (Produto Interno Bruto) à educação nos próximos dez anos, de modo articulado entre os governos federal, estadual e municipal. De acordo com o texto aprovado, trata-se agora de uma exigência constitucional:

> A Emenda Constitucional nº 59/2009 (EC nº 59/2009) mudou a condição do Plano Nacional de Educação (PNE), que passou de uma disposição transitória da Lei de Diretrizes e Bases da Educação Nacional (Lei nº 9.394/1996) para uma exigência constitucional com periodicidade decenal, o que significa que planos plurianuais devem tomá-lo como referência. O plano também passou a ser considerado o articulador do Sistema Nacional de Educação, com previsão do percentual do Produto Interno Bruto (PIB) para o seu financiamento. Portanto, o PNE deve ser a base para a elaboração dos planos estaduais, distrital e municipais, que ao serem aprovados em lei devem prever recursos orçamentários para a sua execução (BRASIL, 2014, p. 5).[9]

---

9 Equipe de elaboração do Plano Nacional de Educação – PNE: Márcia Angela da Silva Aguiar (UFPE), Luiz Fernandes Dourado (UFG), Janete Maria Lins de Azevedo (UFPE), João Ferreira Oliveira (UFG), Catarina de Almeida Santos (UnB), Karine Moraes (UFG) e Nelson Cardoso Amaral (UFG).

A prioridade conferida à universalização da educação infantil, assim como dos sistemas de ensino fundamental e médio – com vistas, inclusive, a aumentar a escolaridade média da população entre 18 e 29 anos de idade para no mínimo 12 anos – sem dúvida é uma conquista. Também nos parece fundamental a ênfase na formação voltada para a educação inclusiva, à valorização étnica e cultural nas escolas, com vistas à redução das desigualdades e à valorização da diversidade, caminhos considerados "imprescindíveis para a equidade". No entanto, permanece uma tendência, pautada pelos mesmos critérios das teorias de administração de empresas, voltada à produtividade, eficácia, excelência e eficiência que ainda orientam a gestão escolar, a avaliação institucional e os exames nacionais.[10]

São iniciativas que sem dúvida merecem um debate aprofundado, particularmente pelo fato de envolver recursos financeiros, disponibilizados diretamente às escolas públicas e produção de material pedagógico, necessários à promoção da diversidade cultural nas escolas. No entanto, sem o enfrentamento da precarização do cotidiano de trabalho do professor, das formas de contratação docente (como o aumento dos contratos temporários) e da tendência à tecnificação da

---

Colaboração: Flávia Maria de Barros Nogueira (SASE/MEC), Rosiléa M. R. Wille (SASE/MEC) e Walisson M. de P. Araújo (SASE/MEC).

10 Não se pode deixar de observar que uma das prioridades do plano aprovado foi a "concessão de benefícios às escolas que melhorarem o desempenho dos alunos nos exames usados para determinar o Ideb (Índice de Desenvolvimento da Educação Básica)", um critério que penaliza as escolas situadas nas regiões periféricas de metrópoles como São Paulo, que atendem justamente os alunos que mais necessitam de investimento na formação e que, por isso mesmo, encontram maior dificuldade para melhorar o desempenho do corpo discente.

MÔNICA DO AMARAL

cultura escolar, não há como reverter o distanciamento da escola em relação às necessidades de formação ampla dos alunos.

Em relação, por exemplo, às pressões exercidas pela burocracia do sistema de ensino público sobre os professores, ficou evidente em nossa pesquisa a priorização dada pelos dirigentes ao respeito à hierarquia e às determinações tomadas de maneira centralizada, ou mesmo a importância conferida ao mero registro formal dos resultados de nossa pesquisa no plano pedagógico da escola, em detrimento das experiências efetivas inovadoras de transmissão no âmbito escolar.

No que se refere aos anseios dos alunos, vejamos o que estes sugerem. Uma das alunas, por exemplo, sustentou o seguinte a propósito da escola sonhada: "Eu sugiro que tenha músicos e cantores, que nos ensinem a verdadeira música brasileira". Ou ainda, outro aluno, que discorreu sobre como sua vida fazia-se permeada pelos gêneros musicais mais apreciados por sua comunidade – "Hip hop, eu gingo; black, eu danço; rap, eu canto!". E assim, apropriavam-se do patrimônio cultural de nossa ancestralidade afro-brasileira de um modo contemporâneo.

Foram algumas das frases mais significativas ouvidas por nós em meio ao contato com os jovens alunos, que se constituíram em expressões vivas dos anseios juvenis de que se promovesse uma educação em que o saber fosse vinculado à arte, ancorada no rico matizado das culturas afro-brasileiras. Foram sugestões que muito se aproximavam do que preconizara Nietzsche como uma forma de despertar os sentidos para a elevação da cultura: uma educação estética, que permitisse a estetização e a formação do "espírito livre" para as quais contribuiriam filósofos e artistas. Os jovens alunos sugeriam, desse modo, como deveria ser uma formação engajada e culturalmente relevante a ser promovida pela escola, que se distancia completamente das tendências técnico-científicas que nela prevalecem. Estas, é preciso ressaltar, sequer atendem às exigências pragmáticas do mercado e contribuem muito mais para a incultura ou à semicultura, como sustentara Adorno (1995a).

Analisemos de modo mais detido como se deu a pesquisa de campo junto aos jovens da escola, sempre contando com a participação ativa dos professores-pesquisadores em nosso projeto, que, desse modo, foram, aos poucos, recuperando a autonomia e a capacidade de pensar o que seria prioritário à suas formações como docentes, com um olhar cada vez mais voltado às tendências de constituição da subjetividade e à estetização juvenil da comunidade atendida pela escola.

Discutiremos, inicialmente, de que modo o rap e o hip hop, com sua arte policromática e polifônica – constituída pelo break, o grafite, o DJ e o MC – bem como o funk, com seu gingar alegre e sensual, têm contribuído para a estetização juvenil. Em seguida, apresentaremos a tessitura de nossa abordagem teórico-metodológica de modo a explicitar como essa leitura das tendências contemporâneas das culturas urbanas foi se delineando ao longo da pesquisa.

SEGUNDA PARTE

A arte juvenil invade a cena das metrópoles no mundo globalizado

CAPÍTULO 3

O RAP e o HIP HOP: em direção à "transvaloração dos valores" da escola pública brasileira

O surgimento da linguagem combativa do hip hop

Nos últimos trinta anos, ao lado do desemprego, do tráfico e da violência, desencadeados nos bairros periféricos das metrópoles do mundo inteiro, surgiu uma manifestação cultural juvenil, o hip hop, capaz de "capturar esperanças coletivas e pesadelos, ambições e falhas daqueles descritos como pós-isso ou pós-aquilo" (CHANG, 2005, p. 2). Chang, em seu livro *Can't stop, won't stop* (2005), no qual procura retratar exatamente essas três décadas que sucederam a luta pelos direitos civis nos EUA nos anos 60, salienta que a geração "hip hopper", ao contrário do blues, que se desenvolveu sob condições opressivas de trabalho, representa um movimento cultural que emergiu sob a condição do "não trabalho", que atingiu em cheio a juventude negra.

Chang (2005) sustenta ser possível delimitar de modo claro o período em que nasceu e se desenvolveu o movimento hip hop: os descendentes afro-americanos que nasceram entre 1965 e 1984, cujas gerações foram marcadas de um lado pelos Atos dos Direitos Civis e o assassinato de Malcom X e, de outro, pelo avanço global do hip hop durante os governos Reagan e Bush, no auge das políticas recessivas implantadas naquele país. Africa Bambaataa, ativista do hip hop, considerado como "afro-futurista", foi responsável pela fundação da *Zulu Nation*, organismo responsável inicialmente pela promoção da paz no Bronx, entre as gangues e entre estas e a polícia, que deslocou esses

MÔNICA DO AMARAL

movimentos de revolta para a produção de cultura, reunindo em um único movimento os quatro elementos do hip hop – DJ, MC, break, grafite – e adicionando um quinto, o conhecimento dos fatos da vida do gueto. E depois, pela divulgação dessa cultura por todo o mundo.

De acordo com Chang (2005), o ano de 1977 não foi apenas mais um verão, mas o ponto mais alto entre o assassinato, em fevereiro de 1965, de Malcom X, responsável por liderar as lutas em prol dos direitos civis dos negros, e o de Martin Luther King (assassinado em 1968), responsável pela derrubada das leis do segregacionismo, ao mesmo tempo em que se alastravam protestos da juventude negra contra a pobreza e por educação pelas ruas do Harlem e o chamado às armas do grupo de rappers *Public Enemy*. No dia 13 de julho de 1977, as luzes apagaram-se, e em meio a um *black out*, os comerciantes armaram-se com medo de saques. Um grafiteiro escreveu que ali se encontrava uma oportunidade para se livrar daqueles que os exploravam e, ao mesmo tempo, de se unir, sem lutar uns contra os outros. Sucederam-se 36 horas de luta, prisioneiros ateando fogo nas celas, incêndio espalhando-se por vários lugares e as lojas sendo saqueadas. Por toda a cidade, prevalecia um ar de decadência, mas como a do sul do Bronx, não havia nada parecido, com tamanho grau de destruição. Chegou-se a dizer que o Bronx transformara-se em uma verdadeira Necrópolis – a cidade da morte. Uma situação que já vinha arrastando-se pela política de encolhimento do bairro: todos os serviços, como polícia, serviços sanitários, saúde, transporte e por fim, a educação, foram sendo retirados, até que as pessoas viram-se obrigadas também a deixar o bairro, sob o risco de serem deixadas para trás.

A propósito do mesmo período, a socióloga Saskia Sassen (2011) esclarece que a década de 70 foi uma época de devastação e desolação para os jovens negros no Bronx, que resultou em uma verdadeira guerra contra a política recessiva implantada por Nixon e depois por Reagan, que transformou o Bronx do Sul em terra devastada pela pobreza e colapso social, como resultado de uma política de modernização da cidade e de especulação imobiliária, que depois expulsou os afrodescendentes para regiões mais distantes, como o Brooklin, o Queens e o Bronx do Norte.

Do mesmo modo, surgiu nas metrópoles brasileiras, em território segregado semelhante ao do Bronx, o rap, como uma linguagem capaz de romper com a submissão costumeira do "homem cordial",[1] ao traduzir o desenraizamento a que foram submetidos tanto os afrodescendentes quanto os migrantes, que segundo Sassen (2011), tiveram suas "raízes partidas" e reconstruídas nos bairros de periferia, na luta por moradia, educação, condições sanitárias decentes, enfim, pelo direito a uma vida digna. Ocorre que o desemprego é também um "desenraizamento de segundo grau", conforme assinalado por Bosi (1987). E o rap e o movimento hip hop, como um todo, nasceram dos reclamos de uma juventude marcada pelo "não emprego", cuja única propriedade reduzia-se a ter "identidade", daí a necessidade de reconhecimento, de ser ouvida e de ter visibilidade (o que pode ser verificado nos grafites espalhados pela cidade de São Paulo, por exemplo, tal como nos vagões de metrô de Nova York nos anos 70).

Nesse sentido, a devastação experimentada no Bronx e a expulsão de inúmeras famílias para regiões cada vez mais distantes do centro assemelham-se em muitos aspectos à expulsão para regiões periféricas

---

1 O "homem cordial", marcado por relações de simpatia, com predomínio "aparente" da afetividade, resulta, de acordo com Sérgio Buarque de Holanda, em seu livro, *Raízes do Brasil* (1997) da tradição familista e patriarcal da sociedade brasileira e de sua extensão – com suas formas de autoridade, intimidade e informalidade – à esfera pública. Tais características dificultaram o desenvolvimento de relações impessoais na relação com o Estado, gerando um desequilíbrio social significativo nas grandes cidades.

das metrópoles, onde não havia nenhuma infraestrutura, dos afrodescendentes no final do Brasil Colônia e início da República, assim como dos imigrantes pobres e, depois da década de 50, dos nordestinos que vieram "participar" do novo avanço industrial na região sudeste.

Carril (2006) analisa como a questão da territorialidade urbana estabelecida em "metrópoles segregadas" como São Paulo, onde foram constituídas verdadeiras "hiperperiferias", como a do Capão Redondo, do Real Parque e do Jardim Panorama, ao lado de bairros luxuosos como o Morumbi, reproduz as relações entre a senzala e a casa grande. Ao estender as relações de desigualdade e de opressão entre o antigo senhorio, com direito à propriedade e o trabalhador escravo, destituído de direitos, aos trabalhadores pobres assalariados, que eram e continuam sendo, em grande parte, privados de respeitabilidade e tratamento digno, estes se veem obrigados a buscar proteção em relações de favor, de cunho clientelista.

A menção aos quilombos no rap brasileiro põe em ação o que Béthune (2003) chamou de "telescopia histórica": atualizar no presente um clamor do passado, ou seja, o desejo de liberdade e de reconhecimento, que hoje se traduz pelo caráter crítico destrutivo de suas letras e de afirmação étnico-social – ou seja, denunciando a desigualdade e exigindo tudo aquilo que vem sendo negado ao povo brasileiro, particularmente aos afrodescendentes. Um fenômeno da cultura, que em sua intersecção local com a ordem mundial, como salienta Carril, "insere-se em uma dimensão urbana, contraditória, desagregadora e de escassez, aproximando São Paulo de outras metrópoles, como Lisboa, Paris ou Chicago, no que diz respeito à segregação espacial e urbana" (2006, p. 24).

No Brasil, o hip hop chegou no começo da década de 80, através do break (dança), paradoxalmente trazido por agentes sociais pertencentes às camadas sociais mais ricas da sociedade. Mas foi Nelson

Triunfo que, depois de entrar em contato com o break nas discotecas da classe média paulistana, levou o break e o hip hop para o seu local da origem: a rua (CONTIER, 2005).

Posteriormente, o break conquistou as ruas e as camadas dos excluídos sociais da cidade de São Paulo através da formação de grupos de dança, que se reuniam, num primeiro momento, na Praça Ramos, em frente ao Teatro Municipal, e num segundo, nas proximidades das galerias de lojas de discos da rua 24 de maio, esquina com a rua Dom José de Barros.

Os iniciadores desse movimento foram Nelson Triunfo, Thaide & DJ Hum, MC/DJ Jack, Os Metralhas, Racionais MC's, Os Jabaquara *Breakers*, entre outros. Muitos grupos musicais surgiram a partir dos fins dos anos 80. Em 1988 foi lançado o primeiro registro fonográfico de rap brasileiro na coletânea, "Hip hop Cultura de Rua", pela gravadora Eldorado. Desse disco, participaram Thaide & DJ Hum, MC/DJ Jack, Código 13, entre outros grupos.

Osumaré em seu livro, *The Africanist Aesthetic in Global Hip Hop: Power Moves* (2007), faz menção ao "poder que move" o hip hop no mundo global. Com o termo "poder que move" (*power moves*), associado à posição que o hip hop ocupa no mundo, procurou compreender como foi possível que uma cultura oriunda dos bairros pobres de Nova York, no interior da comunidade de trabalhadores negros e latinos empobrecidos, tenha se tornado um sinal revelador do mundo globalizado. É nesse contexto paradoxal, de acordo com a autora, que o hip hop converte-se no *"locus* da pós-modernidade", traduzindo-se por uma "performática comercializada irracional que transcende o racionalismo da modernidade europeia" (2007, p. 3). Uma expressão performática que, segundo a autora, caracteriza a dinâmica sociopolítica do mundo contemporâneo pós-moderno: "Movimenta o poder de modo tão imperceptível por meio de uma estética africana que atrai e fortalece juventudes locais, ao mesmo tempo que subverte os sistemas social, cultural e econômico" (2007, p. 3).

Sustenta, nesse sentido, que o hip hop "é movido" pelo poder econômico do Capital, mas, ao mesmo tempo, "se move" em seu próprio âmbito, ao veicular significantes não previstos pela lógica do capital e da civilização ocidental.

O corpo, conforme nos lembra a autora, foi o principal instrumento (estético-musical e de luta) na África do período colonial, assim como entre os escravos, e hoje é o instrumento de comunicação no hip hop, considerando-o "corporalmente visceral", e até mesmo uma "filosofia encorpada". Desse modo, o corpo torna-se o lugar privilegiado de uma estética fundamentalmente africana.

A celebração que percorre os rituais africanos continua presente em festas e danças de rua que se espalharam pelo mundo – a outra face da diáspora africana – mantendo o caráter antinômico que a caracteriza como elemento fundante da cultura. Uma herança da qual são caudatários o blues, o jazz, o carnaval, sobretudo nas Américas, e finalmente o hip hop. Daí ser este último amado e odiado por ser, a um só tempo, lucrativo e questionador do modo de produção capitalista, suscitando os sentimentos de fascinação e repugnância, como resultado de algumas de suas características paradoxais.

Gilroy (2012) pondera que justamente pelo fato de os componentes musicais do hip hop terem se constituído a partir de uma "forma híbrida", oriunda das relações entre o *South Bronx* e a cultura jamaicana nos anos de 1970, e depois gerado um "movimento jovem global" auxiliado pelas inovações tecnológicas, acionou um processo transnacional, que incidiu sobre a própria autopercepção da América negra e interferiu na indústria da música popular. Inspirado pelas reflexões estéticas de Theodor Adorno (1982), na verdade, contrapõe-se a toda tentativa, muito presente no movimento hip hop norte-americano, de vincular o debate sobre a autenticidade da cultura negra a uma espécie de afirmação racial ou mesmo de exaltação de cunho nacionalista, como a que está presente na defesa de uma "essência" cultural "africano-americana autêntica". A música, nesse sentido, expressaria antes de tudo, como sugere Adorno (1982), "as antinomias do princípio nacional".

Osumaré (2007) salienta, entretanto, que a cultura de protesto do hip hop sofre de um dilema inexorável e seus rumos encontram-se atravessados por ele – ou seja, entre o compromisso com a comunidade, sem o qual ele não sobrevive como arte e cultura de rua e o mercado, que exige maior diálogo com outras culturas e sons aceitos pela indústria cultural e a população não periférica. A autora sustenta ainda no artigo "'Marginalidades conectivas' do hip hop e a diáspora africana: os caso de Cuba e do Brasil" que qualquer expressão de luta envolvendo a afirmação etnicorracial faz-se muito mais com o intuito de promover conexões transnacionais entre as marginalidades geradas pelo mundo global (OSUMARÉ, 2015).

O hip hop, nesse sentido, com seu cântico de protesto, acabou difundindo-se pelo mundo, particularmente entre os jovens pobres moradores das grandes metrópoles e se combinando com novos campos culturais trazidos pelos excluídos.

E, desse modo, permitiu ressignificar identidade, cultura e territorialidade dos renegados desse mundo globalizado.

Sobre a construção de uma abordagem afinada com as culturas juvenis de protesto

Béthune (2003), filósofo francês, amante e estudioso do jazz, em seu livro *Le rap: une esthétique hors de la loi*, realiza um estudo sobre as raízes históricas do rap, que o autor remete à música afro-

MÔNICA DO AMARAL

-americana (particularmente o jazz e os blues), que, por sua vez, tiveram inspiração na difícil trajetória percorrida pela população negra nos EUA, cujo lamento fez-se sentir em suas músicas desde a escravidão, passando pela Guerra de Secessão, a depressão dos anos 30, entre outros momentos que marcaram a vida desta parcela da população norte-americana. Um passado que segundo o autor, não desapareceu e, mais do que isso, encontra-se presente no estilo rap de música inaugurado pelo hip hop norte-americano. Béthune (2003) sustenta que esse estilo de música e de dança retoma a dimensão da arte inconsciente, brotada do povo, como dirá Nietzsche a propósito das obras dos grandes trágicos, Ésquilo e Sófocles, em seu livro *A visão dionisíaca do mundo* (Nietzsche, 1ª ed. 1928, 2005a).

Sustentamos ainda que, na verdade, a inovação do hip hop não se faz apartada da própria tradição da música de origem africana. Sendo esta uma das maiores contribuições do hip hop: ao retomar uma arte plena, em que se combinam a expressão corpórea da arte, o canto marcado pela espontaneidade do improviso e da tradição oral, a dança e a música, que, por sua vez, enraizam-se na história dos americanos afrodescendentes. E com seu cântico de protesto, o hip hop acabou difundindo-se pelo mundo, particularmente entre os jovens pobres moradores das grandes metrópoles e se combinando com novos campos culturais trazidos pelos excluídos de cada país e região do mundo.

Não podemos deixar de mencionar que a postura crítica e engajada do hip hop nacional faz-se presente não apenas na letra de suas músicas, mas também por meio de uma estética inovadora e crítica de novo tipo. O rap, em particular, é feito da alternância entre uma circularidade rítmica e os cortes, o *break beat*, introduzido com a intenção de promover deslocamentos dos equilíbrios musicais. A técnica do *sampling*, que consiste em selecionar diferentes arranjos musicais para introduzi-los em uma mesma composição musical, foi uma forma irreverente e transgressora de lidar com a absoluta falta de recursos financeiros para fazer música, o que remete o rap e o hip hop a uma longa tradição da música afro-americana, conforme assinalara acertadamente Béthune (2003). Mas o que há de inovador é a utilização da mais sofisticada tecnologia eletrônica de reprodução da arte musical – diferentemente da música *techno* que faz desaparecer os traços humanos – para realizar o *mixing* de diferentes estilos musicais e fazer dessa alternância, bem como de uma poética rítmica marcada por rupturas, uma forma de humanizar a máquina (que domina o operário no trabalho e o marginaliza no campo cultural).

Segundo Béthune (2003), a arte conjugada do rap envolve uma estética bastante sofisticada: é uma forma lúdica de se fazer arte por meio de uma espécie de "telescopia histórica" (ou seja, uma forma de reunir e de discernir objetos distantes) e de promover o "deslocamento simbólico" e uma sorte de "trituração sonora", que se opõe à tradição da cultura ocidental, que tende a valorizar a arte contemplativa e não a do "jogo em ação" (como é valorizado na cultura afro). Além dessa forma lúdica de lidar com os ritmos musicais, inventa palavras, em um jogo de vai-e-vem, compondo uma nova relação entre o campo da oralidade e da escrita, revelando-se como uma verdadeira "linguagem em ato", com toda sua expressividade quase que teatral, de natureza polifônica e polissensorial, que a acompanha. Para denunciar os abusos da polícia, por exemplo, ou a discriminação, muitas vezes os rappers recorrem a esses "atos de linguagem", vociferando contra as injustiças, com tamanho realismo, acompanhados de todos os recursos sonoros para obter tal efeito, que, muitas vezes, suas músicas são confundidas com uma verdadeira incitação à violência e ao crime. Segundo Béthune (2003, p. 59), "o rapper não fala 'da' realidade, ele fala 'na' realidade e, colocando-se no coração da ação, ele transforma fortemente sua fisionomia".

MÔNICA DO AMARAL

Os raps (do movimento hip hop) e o funk, embora inseridos no fenômeno da mundialização da cultura, tendem a negá-lo em seus aspectos reificadores ao assumirem uma atitude política de contestação (paradoxalmente, por meio de uma estética afirmativa) a todo tipo de discriminação e de exclusão social. Nesse sentido, nossa abordagem da estética do hip hop, assim como do funk, como expressões musicais juvenis de protesto, procura ressaltar o que há de genuíno em suas produções (no sentido de dar vida aos jovens das classes populares no processo de estetização de si mesmos) e que escapam do esquematismo[2] imposto pela indústria cultural, podendo fazer despertar, como diria Nietzsche (2004), uma "educação estética" de outra ordem, por meio de uma verdadeira "reversão dialética", como defendera Walter Benjamin.[3]

Revisitar Nietzsche, nesse sentido, cujo pensamento é considerado o divisor de águas que distingue o pensamento moderno e o pós--moderno, pareceu-nos essencial: em particular, suas ideias críticas a respeito dos estabelecimentos do ensino e da cultura a ser transmitida às novas gerações; o empenho do desejo e das "afecções fortes" eliciadas pela filosofia dionisíaca que exercerão um papel fundamental em sua "metafísica do artista", bem como na genealogia da moral, a partir das quais proporá a "transvaloração dos valores" vigentes na

---

2   Termo empregado por Adorno e Horkheimer no capítulo sobre indústria cultural da *Dialética do esclarecimento* (1985), que é retomado por Rodrigo Duarte, em seu artigo "Esquematismo e semiformação" (1978), para se referir ao modo como a indústria cultural tem se apropriado de uma faculdade humana, qual seja, a de organizar os dados imediatos da consciência segundo as categorias do entendimento, substituindo-a pelo "esquematismo" de acordo com o qual é pautada a produção e, desse modo, orientado as escolhas dos indivíduos.

3   Vide nota 16.

modernidade. Referimo-nos, aqui, ao caráter afirmativo de sua filosofia, inspirando-nos na concepção trágica do homem grego, a partir da qual pretendeu construir uma nova genealogia dos valores, ou seja, o valor dos valores. Essa nova genealogia abriria a experiência humana a uma pluralidade de sentidos, ou mesmo, conforme defendera posteriormente Theodor Adorno (1995a), que insistira "no aprendizado aberto à elaboração da história e ao contato com o outro não idêntico, o diferenciado" (1995a, p. 27). Tanto o aspecto afirmativo que, segundo Deleuze (1962), estaria presente na "visão dionisíaca de mundo" sustentada por Nietzsche, quanto a ideia de "estética extrema", salientada por Heidegger (2007), foram-nos essenciais para uma interpretação conceitual afinada com o movimento histórico de nosso objeto, ou seja, as culturas juvenis por nós estudadas, a saber: o hip hop e o funk.

Heidegger (2007), em suas preleções sobre Nietzsche, sustenta que o autor, a partir de *O crepúsculo dos ídolos* (1ª ed. 1888, 2006), caminha menos no sentido de uma metafísica do artista (cf. MACHADO, 2002) e mais no sentido de uma "estética extrema", a partir da qual se evidenciou, para nós, a potencialidade crítica e afirmativa da estética étnico-juvenil do hip hop e do funk, no âmbito escolar.

Foi pensando no distanciamento da escola pública em relação à multiplicidade de expressões da cultura juvenil, que ficamos atentos, ainda, às observações de Bataille (1995), um importante intérprete de Nietzsche, de que a Filosofia deveria recuperar o poder de transgressão do erotismo e do próprio Nietzsche, de que se teria que ir ao encontro da mais viva expressão da Filosofia, que estaria presente na arte dionisíaca. Mas no que consistiria essa arte dionisíaca? A conjunção das diversas formas de expressão plástica do homem, tal como teria sido observada na Antiguidade, época em que, associado ao canto, havia o gesto da dança, que se combinava com a potência da harmonia, da dinâmica e da rítmica, atingindo o êxtase sentimental na lírica e evocando imagens, como na epopeia, abrangendo, assim, o conjunto de todas as formas de expressão simbólica. A nosso ver, uma ideia muito próxima das formas de expressão estéticas afro-americanas, que de algum modo são retomadas pelo conjunto de expressões artísticas do movimento hip hop, em que se fazem presentes, como vimos, a dança, a música e outras formas de expressão plástica.

No caso de nossa pesquisa na referida EMEF, pareceu-nos que os jovens estavam reivindicando ou mesmo recriando a cultura popular – que se encontra enraizada nas origens "sertanejas" do homem rústico do nordeste brasileiro e combinada com a cultura afro-brasileira. No entanto, ao se depararem, nas metrópoles, com o duro retrato do homem pobre suburbano, viram-se impelidos a expressar suas angústias e anseios de satisfação por meio de raps e danças dotadas de aguçada potência crítica. Muitos deles fazendo emergir, com seus tambores, letras, músicas e danças, o que um dia Nietzsche chamara, em *A visão dionisíaca de mundo* (1ª ed. 1928, 2005a), de o "cerne da força vital da humanidade". Justamente os elementos da cultura que foram há muito tempo expurgados da razão ocidental e, consequentemente, da razão ordenadora da escola.

O desafio para nós, nesta pesquisa, consistiu em obter uma leitura contemporânea do papel exercido por essas culturas juvenis na estetização dos jovens moradores das periferias de metrópoles como São Paulo, de modo a nelas identificar, ao mesmo tempo, um potencial inovador para a educação promovida pela escola pública, em particular para os adolescentes das últimas séries do ensino fundamental, considerando as dificuldades destes para encontrar na escola um ensino que lhes fosse culturalmente relevante. Para que, desse modo, se sentissem preparados para uma nova fase em sua vida escolar, permitindo-lhes cursar o Ensino Médio.

Ao mesmo tempo, era necessário construir uma metodologia de pesquisa que fosse consoante aos anseios desses jovens alunos, que se encontravam tão distanciados da escola e dos conteúdos oferecidos por ela. Daí termos recorrido a Canevacci (2005a, 2005b), um estudioso italiano que muito contribuiu para os estudos das culturas jovens contemporâneas com um olhar inovador.

TERCEIRA PARTE

A trama e a urdidura das culturas juvenis e a cultura escolar

CAPÍTULO 4

A "eróptica" das culturas juvenis: uma ruptura possível na cultura escolar?

Canevacci, em seu artigo "Eróptica: etnografia palpitante para um olhar díspar" (2005b) propõe uma espécie de etnografia do olhar que possa se abrir para o "sentir polissensorial", em que se articulam as dimensões estética e antropológica. Uma articulação denominada pelo autor de "eróptica", uma espécie de conceito híbrido entre o olho e o erotismo. Aqui, o autor toma de empréstimo as ideias desenvolvidas por Bataille em duas de suas obras – *As lágrimas de Eros* (1995) e *História do olho* (2003) – particularmente no que se refere à proposição deste autor de proceder a uma espécie de leitura transdisciplinar do real – transitando entre a psicanálise, o surrealismo, a antropologia e a literatura – dando ensejo ao que Canevacci (2005b) denomina de "olho participante" (em que o pesquisador põe-se a olhar e, ao mesmo tempo, deixa-se olhar). O conceito de "eróptica", assim como de "olho participante", foram-nos fundamentais, tanto para repensar o modo de fazer pesquisa como na leitura das culturas juvenis, tão ricas em manifestações "polifônicas" e "policromáticas".

Somente uma etnografia do olhar que apanhasse a dimensão erótica e irreverente das culturas jovens poderia nelas identificar uma estética "crítico destrutiva" e, simultaneamente, "positivo afirmativa", a partir das quais seria possível proceder a uma crítica contemporânea à razão predominante no universo escolar. Na verdade, estamos aqui nos referindo às duas vertentes de análise de acordo com as quais,

MÔNICA DO AMARAL

segundo Giacoia (2005), Nietzsche teria destruído os pilares da metafísica ocidental.

Inspirando-nos nesse viés de leitura, propusemo-nos a repensar fenômenos contemporâneos da cultura juvenil, apoiados na leitura de alguns textos de Nietzsche, por meio dos quais faríamos passar seu pensamento, indicando de que maneira essas culturas juvenis podem promover uma espécie de "transvaloração dos valores" vigentes nas formas dominantes de se conceber a educação pública neste país.

Nosso trabalho de pesquisa na referida escola pública que atendia jovens moradores de duas grandes favelas situadas ao lado de um dos bairros mais ricos de São Paulo aproximou-nos de algumas formas juvenis de manifestação cultural – como o hip hop e o funk –, por meio das quais esses alunos alcançaram uma verdadeira "virada criativa" de suas vidas, apesar das circunstâncias precárias em que viviam. Ou seja, por meio da narrativa e crítica contundente do rap, denunciavam as desigualdades experimentadas pelo jovem negro morador da periferia, e com as manifestações sensuais do funk, provocavam "a vertente clericalista, teológica e cristã do nosso pensamento" (MARTON, 2009, p. 36). E, desse modo, procuraram estetizar-se por si mesmos, parte fundamental da formação para Nietzsche. E, mais do que isso, somente assim pareciam conseguir, de algum modo, sair de seus "guetos" e se fazer escutar por diversos segmentos sociais, até então alheios à realidade da população excluída das metrópoles.

Para tornar viva essa ideia de "virada criativa" juvenil por meio da criação estética, gostaríamos de trazer o testemunho de um jovem que participara de nossas atividades em sala de aula. Este jovem, um dos cantores que fez parte da apresentação da música, cuja letra comentaremos a seguir, "Realidade, não fantasia", sublinhou que ele e seus amigos tinham razão em denunciar que a juventude pobre, moradora da zona sul, precisava de emprego e compreensão para não cair na vida do crime. Ele disse isto depois de reconhecer que sua formação na EMEF José Alcântara não o preparou como devia para cursar o ensino médio, felizmente já concluído, e que talvez por isso ele ainda tenha dificuldades para arranjar emprego, mas que estava muito feliz de estar ali naquele evento promovido por rappers conhecidos como o Gaspar, do grupo Z'África Brasil e o MC Banks, que passaram a desenvolver, na ONG Casulo, eventos de hip hop com a moçada da região. Destacou, ainda, como foi importante nossa experiência de pesquisa na escola, tanto para ele, como para seus amigos, que seguem produzindo raps e que, talvez graças a esta experiência, estavam ali, tendo um espaço para se apresentarem. Nesse dia, fizeram um belo grafite em um dos muros do novo conjunto residencial do Real Parque.

**O movimento hip hop reocupa os
novos condomínios do Real Parque**

Foto de Mônica do Amaral, 2015

Tomando em consideração esse depoimento, bem como nosso contato em sala com os alunos da EMEF José Alcântara, urge construir um novo olhar para tais manifestações culturais juvenis, orientado por uma dupla ótica, que, segundo o viés nietzschiano, consistiria na dimensão crítico-destrutiva e afirmativa das culturas urbanas do rap e do funk. E, auxiliado pela etnografia do olhar, de acordo com a "eróptica" de Bataille (1995), propomos que se considerem as "manifestações culturais juvenis" como uma espécie de "prototeoria" (HERRMANN, 2001), por meio da qual se pode produzir uma "ruptura de campo" nas práticas usuais em sala de aula e na escola como um todo, de modo a analisar as tensões da cultura escolar. Esta, imbuída de certo ativismo ideológico, na dupla face da psique do real (identidade e realidade), tem produzido, como resultado, apenas o seu distanciamento cada vez maior da juventude.

A "eróptica" como método de pesquisa na escola

Inspirados por essas ideias, iniciamos a pesquisa na EMEF José Alcântara. Depois de obtermos a anuência da diretora e professores da escola, no ano de 2006, propusemos à Fapesp[1] o referido Projeto de Pesquisa de Melhoria do Ensino Público,[2] visando abordar a dinâmica do cotidiano escolar de uma escola pública do ensino fundamental, com o objetivo de promover discussões e desenvolver projetos em seu interior que contribuíssem para a melhoria do ambiente em sala de aula, ou melhor, do intercâmbio entre alunos e professores e, consequentemente, favorecer um ensino de melhor qualidade. A ideia central era analisar como a autoridade do professor e a formação dos alunos, tal como concebidas pela cultura escolar, poderiam ser repensadas a partir das possíveis "mutações culturais" promovidas pelo amplo espectro de culturas juvenis cultivadas pelos adolescentes. Nesse sentido, o objetivo era desenvolver um olhar atento voltado para as formas criativas e de protesto encontradas por jovens alunos e de expressão de suas necessidades emocionais e culturais, que estariam presentes em suas preferências musicais, suas danças e outras formas plásticas de expressão artística. Considerávamos ainda fundamental investigar, para além do processo de precarização das condições de trabalho do professor, como as novas tendências da cultura, em que prevalecia o vazio e o individualismo exacerbados, estariam presentes no desânimo e na falta de disposição por parte dos professores para repensar sua atuação em sala de aula, impedindo-os, muitas vezes, de visualizar em suas próprias iniciativas criativas um modo de tornar mais viva e significativa a qualidade das relações estabelecidas no co-

---

1   Fundação de Amparo à Pesquisa do Estado de São Paulo.

2   Projeto: Culturas juvenis x Cultura escolar: como repensar as noções de tradição e autoridade no âmbito da educação? (Processo Fapesp: 2006/52034-2).

tidiano escolar. Por fim, pretendíamos mobilizar professores, estagiários e alunos em torno de projetos de melhoria do ensino e da própria relação do adolescente com a escola.

Como tudo começou...

Nosso primeiro contato foi com o Projeto Casulo,[3] uma Organização Não Governamental (ONG) ligada ao ICE (Instituto de Cidadania Empresarial), cujas atividades eram financiadas por uma parceria entre um grupo de empresários da construção civil, bancos nacionais e internacionais e o Ministério da Cultura. O foco do trabalho desenvolvido pela entidade era o "empreendedorismo juvenil", que visava o engajamento dos jovens da própria "comunidade carente" das favelas Real Parque e Jardim Panorama, com o objetivo de promover o desenvolvimento comunitário destas localidades. Além de uma série de atividades culturais, havia dois programas que nos chamaram a atenção: o Programa de Formação de Jovens Professores e o Observatório de Jovens Real – Panorama da Comunidade. A entidade era gerenciada por meio de um Conselho, do qual participavam representantes dos empresários, técnicos do Casulo e jovens lideranças da comunidade. A ideia era de, no espaço de cinco anos, transferir a ge-

---

3 No relatório de atividades do Projeto Casulo, apresentado em 2011, identificamos muitas mudanças desde quando finalizamos a pesquisa em 2008, momento em que o projeto atendia as comunidades do Real Parque e do Jardim Panorama, com oficinas de artes plásticas, de dança, teatro, multimídia, aulas de inglês e de inclusão digital para adultos. Uma entidade que existe desde 2003 e que, no relatório de 2011, declara atender cerca de 3 mil pessoas através dos Programas Metamorfose (120 adolescentes, 84 famílias), Multimídia (418 adolescentes e jovens), Formação Profissional (124 adolescentes), Biblioteca Comunitária (500 crianças e adolescentes) e Futebol Mirim e Adulto (518 pessoas).

O QUE O RAP DIZ E A ESCOLA CONTRADIZ

rência da entidade para essas jovens lideranças, cuja formação estava ocorrendo no âmbito da entidade.[4]

O Programa de Formação de Jovens Professores vinha garantindo, por meio de bolsas e em parceria com o Instituto Superior de Educação de São Paulo – Singularidades, a formação universitária dessas comunidades através do Curso Normal Superior. Na época, oferecia bolsas para cerca de vinte jovens, os quais, em contrapartida, atuavam nos projetos culturais do Casulo, particularmente na Biblioteca Comunitária, desenvolvendo um programa de leituras de histórias infantis com as crianças da região.

É preciso observar que o Casulo acaba funcionando como centro cultural e de formação para essas comunidades, sobretudo para os habitantes da antiga favela do Real Parque, situada em frente à entidade, cuja ocupação iniciou-se em 1956, simultaneamente à construção do Estádio do Morumbi, para a qual foram recrutados muitos trabalhadores nordestinos, oriundos, sobretudo, dos estados de Pernambuco e da Bahia, sendo que os pioneiros foram os indígenas *Pankararu*,[5] que até hoje habitam a região (em sua grande maioria, nas favelas dos bairros citados). Hoje, como vimos, no lugar dos anti-

---

4   No entanto, até o presente momento essa transferência não ocorreu.

5   Os indígenas *Pankararu*, na cidade de São Paulo, compreendem cerca de 2 mil pessoas, somente no bairro do Real Parque, periferia do bairro nobre do Morumbi. Esse grupo teve origem com a intensificação do fluxo de deslocamentos de trabalhadores do Nordeste para as grandes cidades do Sudeste. Esses trabalhadores eram agenciados por "gatos" que iam buscá-los na própria aldeia, para entregá-los, em "lotes", aos "empreiteiros" das obras, na maioria dos casos, para fazer parte das equipes de desmatamento da Cia. de Luz do Estado. A elevação de um desses trabalhadores à condição de "gato", e mais tarde de empreiteiro das obras de desmatamento da Cia. de Luz, acabou acarretando um fluxo direto e constante entre o Brejo dos Padres e São Paulo nas décadas de 1950 e 1960. Em pouco tempo, São Paulo tornou-se uma re-

gos barracos, erguem-se os condomínios de prédios construídos pela Prefeitura de São Paulo, como resultado do processo de reurbanização, iniciado em 2008.

De outro lado, alguns desses jovens que estudaram na EMEF José Alcântara, unidade onde se desenvolveu a presente pesquisa, realizavam estágio na referida escola, no Ciclo I do Ensino Fundamental. As estagiárias com as quais tivemos um contato intenso no início do projeto, embora tenham sido convidadas a participar do grupo de professores com os quais iríamos trabalhar na referida escola, tiveram muitas dificuldades em fazê-lo, sempre alegando falta de tempo, quando, na verdade, pareciam ficar constrangidas em "criticar" aqueles que foram um dia os seus próprios professores.

De outro lado, interessou-nos os dados obtidos pela pesquisa feita junto às comunidades do Real Parque e do Jardim Panorama, bem como a própria concepção de pesquisa, que pode ser expressa por uma frase-chave que consta de sua primeira publicação, "Uma metodologia para formação de jovens pesquisadores":

> Trata-se de inquietar-se constantemente, fazendo perguntas para o mundo, buscando conhecer melhor o funcionamento das coisas, promovendo aprendizagens, possibilitando o prazer de descobrir e compreender, e ampliando nossas possibilidades de intervenções (ICE/CASULO, 2005).

Ou seja, seria uma forma de as jovens lideranças, também moradoras dessas comunidades, conhecerem e compreenderem melhor a realidade que as envolvia e, ao mesmo tempo, encontrar suporte

---

ferência para toda a comunidade *Pankararu*, que tem filhos e irmãos nesta cidade (ARRUTTI, 2010).

para os trabalhos culturais desenvolvidos no bairro (por intermédio do Casulo). Uma das descobertas fundamentais, por exemplo, foi saber que grande parte dos moradores era oriunda do estado de Pernambuco. Essa informação foi fundamental, por exemplo, para a iniciativa de trazer um mestre do Maracatu, com quem organizaram uma festa de rua, retomando as músicas e danças do sertão pernambucano; um evento que fez grande sucesso na comunidade. Outra iniciativa foi oferecer um espaço para os indígenas *Pankararu* realizarem suas festas e rituais com os seus Praiás,[6] uma vez que viviam confinados em um espaço muito pequeno para a realização destes rituais na favela; além disso, apoiaram a criação de entidades em defesa de sua cultura e tradições. Enfim, naquela comunidade havia todo um universo de magia e representações muito distinto do que o vivenciado nas grandes cidades e que foi objeto de atenção de outro orientando do mestrado, Edson Yukio Nakashima,[7] que desenvolveu sua pesquisa de mestrado em torno das origens e tradições dessa comunidade indígena e de sua inclusão/exclusão em uma escola pública não indígena.

Nas primeiras reuniões que tivemos com os técnicos do Casulo, a entidade interessou-se por nosso projeto, dispondo-se a dar suporte técnico, inclusive, na área de mídia, filmagem etc., além de

---

6   Os indígenas *Pankararu* dão grande importância aos "Encantados" em seus rituais. Os Encantados são, para o povo *Pankararu*, guias de luz que protegem a comunidade. São representados, diante da comunidade *Pankararu*, pelos "Praiás", cujo ritual é constituído pelo dançador e as vestimentas cerimoniais (máscara e saias) feitas de fibras de croá. Um conjunto de Praiás forma uma espécie de "batalhão", que integra um mesmo "terreiro" e que fica sob os cuidados de um "zelador".

7   Este trabalho de pesquisa resultou na dissertação de mestrado de Edson Y. Nakashima: *Reatando as pontas das ramas: a inserção dos alunos da etnia indígena* Pankararu *em uma escola pública na cidade de São Paulo* (2009).

ceder espaços para reuniões e eventos que fizéssemos com as crianças e jovens da região. Estavam abertos para toda forma de parceria que envolvesse algum tipo de melhoria na formação daquela população (uma situação que se alterou quando algumas lideranças foram expurgadas do Instituto). Desde o início, alertaram-nos para as dificuldades encontradas para desenvolver algum tipo de trabalho naquela escola em razão dos obstáculos criados, em particular, por seu corpo diretivo. De outro lado, tinham interesse em nosso projeto, uma vez que poderíamos, com a pesquisa, criar um dossiê que pudesse reforçar uma demanda da população que nunca foi atendida pelo governo – a construção de uma escola ou mesmo o aproveitamento da escola municipal, em parceira com o Estado, para a criação do Ensino Médio, inexistente na região (o que obriga os jovens, ainda hoje, a interromper os estudos ao término do Ensino Fundamental ou a atravessar a ponte sobre a Marginal de Pinheiros para frequentar uma escola muito distante de onde moram, no Brooklin, uma vez que o serviço de transporte é precário).

De posse de todas essas informações, fizemos um contato com a EMEF José Alcântara, que foi mediado pela coordenação do Projeto Casulo. Esta escola municipal, sendo a única escola pública do Ensino Fundamental nas imediações, atendia cerca de 1820 alunos[8] distribuídos nos três períodos, oferecendo, além do Ensino Fundamental, o EJA (Educação de Jovens e Adultos) e a Suplência. Situada em um dos bairros mais ricos da cidade, atendia às comunidades de moradores das Favelas Real Parque e Jardim Panorama, situadas no entorno. Dados mais recentes, obtidos no site da escola, apontam para uma

---

8   Cf. dados obtidos no último projeto político-pedagógico disponível na época, elaborado em 2004

redução significativa dos alunos matriculados[9] – com cerca de 797 alunos, em sua maioria cursando o ensino fundamental (614) e uma pequena parcela frequentando o EJA (183).

O grupo de pesquisa, ao iniciar seus trabalhos na EMEF José Alcântara, deparou-se com uma realidade escolar na qual os alunos pareciam indiferentes a tudo que fosse proporcionado pelo mundo adulto. Mas, ao contrário do que se poderia pensar, era nítido o desejo de serem escutados e de uma maior proximidade com os professores, bem como de que fossem compreendidas suas necessidades emocionais e preferências estéticas, envolvendo estilos musicais e dança, além de outros assuntos da atualidade que gostariam que fossem debatidos em sala de aula.

Para se ter uma ideia das dificuldades que permeavam a relação dos alunos com o universo escolar, notou-se que as concepções a respeito de cultura, por parte dos alunos, eram bem variadas e pouco conhecidas ou mesmo compreendidas pelos agentes escolares. A cultura, na concepção dos alunos, significava uma espécie de entrada na vida pública, mas que poderia manifestar-se de diversos modos. Essa constatação nos remete a Michel de Certeau que, em sua obra *Cultura no plural* (2005), afirma que houve uma transformação da relação da cultura com a sociedade, uma vez que a cultura não está mais reservada a um grupo social e não se configura mais como uma propriedade de determinadas especialidades profissionais, como professores e ad-

---

9 Esta redução deveu-se, em grande parte, à perda de alunos, cujas famílias foram obrigadas a se deslocar para outras regiões com valores de locação mais acessíveis, onde alugaram imóveis com as bolsas-aluguel concedidas provisoriamente pela Prefeitura, no aguardo da chamada, via sorteio, das unidades dos prédios em construção pelo projeto que integra o Programa de Urbanização de Favelas da Prefeitura de São Paulo (dados atualizados em 25/12/2015).

vogados. Em suma, "ela não é mais estável e definida por um código aceito por todos" (CERTEAU, 2005, p. 104).

No entanto, quando os alunos se veem submetidos às grades curriculares que não lhes proporcionam sentido às suas vidas, sem prepará-los para enfrentar os desafios de toda ordem que lhes são colocados no dia a dia e tampouco para o futuro, não percebem no ensino oferecido um valor, sequer, de instrumentalidade social e cultural (cf. CERTEAU, 2005).

Por tudo isso, tornou-se bastante evidente a necessidade de se conhecer o que pensavam aqueles jovens e porque consideravam que a escola tinha cada vez menos a oferecer-lhes – enfim, a razão do desencanto com a escola. Por outro lado, identificamos a necessidade de romper a resistência por parte dos professores e da própria escola a repensar seu modo de funcionamento, suas prioridades e sua própria concepção a respeito do exercício da autoridade em sala de aula. E, ainda, fazê-los compreender que o desinteresse dos alunos em relação ao intercâmbio com o mundo adulto seria provavelmente um sintoma de que a escola não estava mais atendendo às demandas dos alunos, no que se referia tanto às suas necessidades emocionais, quanto socioculturais.

Caracterização do Real Parque

Considerando que nosso objeto de investigação teve como campo de estudos os jovens estudantes do Real Parque, pareceu-nos fundamental realizar inicialmente uma caracterização desta comunidade. De acordo com Iglecias (2002), este bairro foi oficialmente constituído em meados da década de 1950 e assentado em terreno público sobre um morro do subdistrito de mesmo nome (Real Parque), entre os bairros do Morumbi e do Brooklin, encontrando-se separados pelo rio Pinheiros. Tem como vizinhança diversos condomínios

O QUE O RAP DIZ E A ESCOLA CONTRADIZ

residenciais de alto padrão, situados no subdistrito vizinho, Paineiras do Morumbi.

O cenário que ali se apresentava na época da pesquisa era bastante contrastante, cujo impacto foi reduzido pelo projeto de reurbanização da Prefeitura de São Paulo, com a construção dos condomínios destinados aos antigos moradores da favela Real Parque. A favela, com seus barracos, casas de alvenaria e conjuntos habitacionais do Cingapura, estava localizada à margem do rio Pinheiros; logo acima do morro, do outro lado da rua da EMEF José Alcântara, erguiam-se os prédios de alto padrão do bairro do Morumbi, que circundavam a região. Na outra margem do rio, avistavam-se os altos prédios que constituem o distrito do mundo dos negócios situado na avenida Luís Carlos Berrini, no bairro do Brooklin, que concentra em sua extensão e imediações as sedes das empresas ligadas ao setor terciário avançado. Foi na década de 1970 que as primeiras residências, de médio e alto padrão, passaram a ser construídas na região. Com a intensificação do processo de urbanização e verticalização, reflexo do tipo de desenvolvimento excludente da metrópole, o bairro passou por gradativo adensamento demográfico, o que contribuiu para que os loteamentos irregulares passassem a ser ocupados por populações de baixa renda que ali se estabeleceram em busca de emprego.

Favela do Real Parque, detalhe da Ponte Estaiada

Foto de Marcos Albuquerque, 2008

Incêndio criminoso da favela Real Parque em 2010

Foto de Edson Nakashima, 2010

Projeto de reurbanização do bairro do Real Parque

Fotos de Mônica do Amaral, 2015

Segundo levantamento feito pelo Projeto Casulo em 2004, o Real Parque era constituído por aproximadamente 5.300 habitantes, que residiam em 884 barracos e 489 unidades habitacionais do conjunto Cingapura, distribuindo-se, ainda, em inúmeros alojamentos. A maior parte da população era formada por migrantes e descendentes de nordestinos, que se instalaram na comunidade em grande número desde 1956, em virtude das dificuldades de subsistência encontradas

MÔNICA DO AMARAL

em suas terras de origem, sendo composta por: 25,2% de pernambucanos, 17,8% de baianos, 12,7 % de mineiros, 8,1% de paraibanos, 6,5% de cearenses, 3,4% de alagoanos e 17,8% de paulistas. Conforme depoimentos dos moradores mais antigos, o Real Parque nasceu com a vinda de famílias da etnia indígena *Pankararu*, oriundas da região do Brejo dos Padres,[10] situada no sertão de Pernambuco para trabalhar na construção do estádio do Morumbi e em outras obras. A população dos *Pankararu* na cidade de São Paulo (de aproximadamente 2 mil pessoas) surgiu a partir dos deslocamentos de cerca de 2.200 trabalhadores vindos do Nordeste. O fluxo desses migrantes indígenas iniciou-se na década de 1940, tornou-se constante entre as décadas de 1950 e 1960 e se acentuou na década de 1990, permanecendo até hoje. A maior parte deles residia em condições precárias, em barracos pequenos de alvenaria e sem recursos de saneamento básico.[11] As condições de subsistência também eram difíceis, pois muitos deles não possuíam carteira de trabalho assinada e sobreviviam de "bicos" na construção civil, contribuindo para isso a baixa escolaridade dos mesmos. Muitos dos descendentes de seus descendentes estudavam na

---

10 Mais precisamente, os *Pankararu* fazem parte de uma das oito etnias que habitam o semi-árido do sertão de Pernambuco, no Vale do São Francisco, entre os municípios de Petrolândia, Tacaratu e Jatobá. De todo o território ocupado originalmente por esta etnia, restaram apenas 15.927 hectares, distribuídos em duas terras demarcadas: A Terra Indígena *Pankararu*, homologada em 1987, e a Terra Entre Serras, homologada em 2006. Cf. Dissertação de mestrado de Edson Y. Nakashima: *Reatando as pontas das ramas: a inserção dos alunos da etnia indígena* Pankararu *em uma escola pública na cidade de São Paulo* (2009, p. 20).

11 Com a reurbanização, muitos indígenas da comunidade *Pankararu* foram contemplados com unidades residenciais. Também fazia parte do projeto de reurbanização a construção de um espaço próprio para os rituais e festejos desta comunidade indígena.

EMEF José Alcântara e sofriam das mesmas dificuldades que os alunos das comunidades citadas, agravadas pelo fato de pesar sobre eles uma dupla discriminação: a discriminação por serem indígenas, mas também outra mais sutil que se fazia presente quando sua identidade indígena lhes era negada, paradoxalmente, pelo fato de suas características físicas e modos de vida não corresponderem ao estereótipo construído pela sociedade, ao mesmo tempo em que, com isso, eram-lhes negados os direitos diferenciados dos indígenas, garantidos pela Constituição. Daí um de nossos subgrupos de pesquisa, coordenado por Edson Y. Nakashima, ter se debruçado especificamente sobre a questão da inclusão efetiva dos alunos descendentes da comunidade *Pankararu*, sem que se "apagassem" os traços da identidade étnico-cultural dos mesmos.

A comunidade do Real Parque ocupava, na época da pesquisa, uma área constituída basicamente por terrenos de altos declives e vales profundos, caracterizados, em grande parte, como áreas de risco, com possibilidade de deslizamentos de terra.[12] Essa comunidade apresentava características bastante peculiares por dois fatores: o primeiro, por ocupar terrenos pertencentes ao DER (Departamento de Estradas e Rodagem), além de outros terrenos particulares, o que a colocava em situação de muita instabilidade; o segundo, por estar localizada jun-

---

12 Observe-se que os condomínios construídos pelo projeto de reurbanização municipal foram construídos nessa mesma área montanhosa e de risco de deslizamento. Conforme depoimentos dos moradores, embora os prédios tenham sido bem construídos, como ainda restam áreas sem construção, ninguém se preocupou em construir barragens nas obras para evitar deslizamento de terra, o que, em tempos de chuva, deixa as ruas dos condomínios intransitáveis, cobertas de lama. Outra questão a ser observada é que embora o acesso às ruas tenha sido "normalizado", a coleta de lixo não é feita com a frequência necessária, deixando-o a céu aberto por muitos dias.

MÔNICA DO AMARAL

to às casas e edifícios de altíssimo padrão, pertencentes ao bairro do Morumbi. Característica que tornava as contradições de classe mais agudas perante o forte contraste socioeconômico. Paradoxalmente, o bairro possui uma das maiores rendas *per capita* da cidade de São Paulo. Foi justamente a proximidade de um bairro de alta classe que fez com que os terrenos da comunidade, especialmente do alojamento, se tornassem alvo de especulação imobiliária, fazendo com que se elevasse a pressão do governo pela remoção das favelas da região. Outro agravante foi e tem sido a miopia administrativa dos órgãos públicos, que, ao considerar a elevada renda média *per capita* da região (muito mais em razão da renda dos moradores de classe média e alta), não veem razão para investimentos nas áreas básicas de saúde, educação e transporte. Como consequência, prevalece a precariedade dos serviços públicos oferecidos na região: não existe hospital público nas proximidades e o único posto de saúde do bairro é considerado inadequado, pequeno e insuficiente; não há linhas regulares de ônibus, ocasionando sérias dificuldades de locomoção a grande parte da região do Butantã, uma das regiões vizinhas do Morumbi (um dos fatores que dificulta o acesso dos professores à escola e dos moradores para outras regiões da cidade). Entre os problemas sociais e estruturais que afligiam a população da comunidade, destacava-se o desemprego, que atingia boa parte da população adulta, mas principalmente a população mais jovem.

Em relação aos aspectos educacionais, os moradores são atendidos somente por duas escolas públicas – a EMEI (Escola Municipal de Ensino Infantil) Pero Neto e a EMEF José Alcântara – restringindo-se, assim, as opções de formação de alunos destas comunidades. Como não existe escola de Ensino Médio na região, obrigando muitos dos alunos da comunidade a se encaminharem para escolas de outros bairros, esta tem sido uma demanda constante por parte das comuni-

O perfil dos jovens do Real Parque

Recorremos, ainda, a uma pesquisa realizada durante os meses de outubro e novembro de 2008, pelo Projeto Casulo,[13] cujo objetivo era delinear o perfil dos jovens das comunidades do Real Parque (1.110 famílias) e Jardim Panorama (460 famílias), com o intuito de atualizar nossas informações acerca da "demanda" dos jovens das referidas comunidades, quanto às expectativas de vida futura e inserção juvenil no mundo do trabalho.[14]

Destacamos alguns dados que consideramos ser importantes para atualização dos dados. Em termos de gênero, 59% dos pesquisados eram do sexo feminino e 41%, do sexo masculino. Em relação à faixa etária, 44% dos pesquisados tinham entre 15 e 18 anos, sendo que 26% encontravam-se na faixa etária de 19 a 22 anos e 25%, na faixa etária de 23 a 29 anos (4% na idade de 14 anos).

No que diz respeito à escolaridade, na faixa etária de 14 a 18 anos, 48% dos pesquisados tinham o Fundamental II; 47%, o Ensino

---

13   Pesquisa "Perfil dos jovens das Comunidades do Real Parque e Jardim Panorama" (2008), Projeto Casulo. Pesquisa quantitativa estimulada com perfil da amostra de 455 jovens das Comunidades do Real Parque e Jardim Panorama, no período de outubro a novembro de 2008. Os dados de observação dos entrevistados foram considerados na análise de forma qualitativa. De acordo com outra pesquisa realizada pelo Projeto Casulo, em 2004, foram recenseados 1.230 jovens na idade entre 14 e 24 anos. Devido a sua proximidade em relação ao bairro do Real Parque, a pesquisa também contemplou o bairro do Jardim Panorama.

14   Observe-se que esses dados não foram atualizados, permanecendo os mesmos no site do Casulo.

Médio e 5%, apenas o Fundamental I. Na faixa etária entre 19 e 29 anos, 61% deles possuíam o Ensino Médio e 30%, o Fundamental II, 6%, o Fundamental I e 2% não estavam alfabetizados. Apenas 6% frequentavam a universidade. Em relação à situação escolar, 51% deles ainda eram estudantes e 49%, não. Entre os não estudantes, 59% abandonaram os estudos em algum momento (Fundamental I e II, Médio e Superior).

Em termos de inserção no mercado, 57% dos pesquisados encontravam-se desempregados. Entre os que estavam desempregados (um total de 240 indivíduos), responderam que diversas razões concorriam para esta situação: em razão de serem muito jovens (44%), não se sentirem preparados (29%), não terem experiência (8%) e falta de emprego (7,5%). Entre os que estavam empregados, apenas 14% exerciam atividade remunerada com carteira de trabalho assinada.

No artigo publicado em 2014, "Taxa de desemprego juvenil é o triplo da de adultos na América Latina", é possível depreender como a situação de desemprego juvenil, na faixa etária entre 15 e 24 anos, na América Latina e no Brasil, em particular, é alarmante e não estancou com a melhoria do quadro econômico do país no período de 2005 a 2011:

> A taxa de desemprego juvenil na América Latina representa mais que o dobro da taxa geral e o triplo da de adultos, aponta relatório divulgado nesta quinta-feira (13) pela Organização Internacional do Trabalho (OIT). O estudo, chamado "Trabalho decente e juventude: políticas para a ação", compara dados entre 2005 e 2011. O texto destaca que ao final de 2011, o desemprego entre jovens de 15 a 24 anos na região chegou a 13,9%, sobre a taxa inicial de 16,4% em 2005. Na faixa etária de 25 anos ou mais, a taxa caiu de

O QUE O RAP DIZ E A ESCOLA CONTRADIZ

> 5,7% no início do período para 4,6% em 2011. A taxa de desemprego geral, ou seja, entre pessoas a partir de 15 anos, caiu de 8,1% em 2005 para 6,5% em 2011. No caso do Brasil, ela passou de 9,3% em 2005 para 6,7% em 2011. No Brasil, diz o estudo, a taxa de desemprego entre os jovens de 15 a 24 anos é superior à média da região, e ficou em 15,3% em 2011 (queda sobre a de 19,4% em 2005). Na faixa etária de 25 anos ou mais, ficou em 4,6% no Brasil em 2011, a mesma da região, diz. Na Bolívia, por exemplo, a taxa entre jovens em 2011 era de 6,2% e na Argentina, de 18,7%. Na Colômbia, estava em 21,9% em 2011. Ainda que a taxa tenha baixado de 16,4% em relação a 2005 [para 13,9%], os trabalhadores de 15 a 24 anos continuam enfrentando dificuldades para encontrar um emprego, e mais ainda um emprego de qualidade (TAXA..., 2014).

Condição que pode ter-se agravado, conforme se pode deduzir a partir do artigo publicado pela BBC Brasil, "Desemprego de jovens no Brasil deve superar média mundial", diz OIT (Organização Internacional do Trabalho), assinado por Daniela Fernandes, correspondente de Paris, onde obtivemos a seguinte informação sobre as tendências de desemprego juvenil no país em 2015, um problema que tende a se agravar com a falta de preparo educacional que atinge as populações moradoras das periferias de grandes cidades como São Paulo:

> A taxa de desemprego de jovens no Brasil neste ano deve ficar bem acima da média mundial, com tendência de agravamento por causa da piora do cenário econômico do país, afirma a Organização Internacional do Trabalho (OIT)

em um estudo divulgado nesta quinta-feira. Nas previsões da OIT, o desemprego de jovens no Brasil com idade entre 15 e 24 anos deve atingir 15,5% em 2015. A taxa média mundial nessa mesma faixa etária é estimada em 13,1% neste ano, segundo o estudo *Tendências Mundiais do Emprego de Jovens 2015*. A organização ressaltou à BBC Brasil que suas estimativas em relação ao Brasil foram feitas antes das recentes projeções realizadas pelo Fundo Monetário Internacional (FMI), que piorou suas expectativas para a economia brasileira. No mais recente relatório *Perspectivas da Economia Global do FMI*, o fundo disse prever que o PIB do Brasil terá retração de 3% em 2015, o dobro da estimativa anterior (FERNANDES, 2015).

Enfim, um cenário bastante complicado particularmente para os jovens moradores das favelas e demais comunidades moradoras das periferias de metrópoles como São Paulo, uma vez que a empregabilidade e a formação desta população é condição, não apenas de sua inserção social, como de sua sobrevivência, sobretudo se considerarmos a alta taxa de violência e de assassinatos que tem atingido a juventude pobre e negra de nosso país.[15]

Em relação à percepção dos problemas da comunidade, identificou-se entre os entrevistados que os maiores problemas eram: a

---

15 Cf. observado no artigo em anexo, uma pesquisa nacional sobre a violência realizada por Júlio Jacobo Waiselfsz, que foi publicada no livro *Mapa da violência 2011* (2011), constatou que, em 2008, por exemplo, a violência, resultando em morte, atingiu 103% mais negros do que brancos. Embora esta diferença já existisse, há dez anos era de 20%.

O QUE O RAP DIZ E A ESCOLA CONTRADIZ

gravidez na adolescência (77%), a precariedade do atendimento médico (15%) e a educação (2%). Chamou-nos a atenção o fato de um dos maiores problemas observados entre os pesquisados consistir na gravidez de adolescentes, o que corrobora os depoimentos sobre as angústias vividas por estes jovens durante nossas intervenções na referida escola.

Um detalhe importante a ser observado foi o fato de a educação – seja do ponto de vista da qualidade da formação oferecida, seja pela falta de escola de Ensino Médio na região – não ter sido apontada como um problema que merecesse maior atenção. Não se pode esquecer que a conclusão dos níveis de ensino Fundamental e Médio não implica necessariamente no acúmulo de conhecimento e de experiência, tampouco que os alunos estejam alfabetizados. Quer dizer, embora não identificassem problemas no campo da educação, provavelmente porque, a despeito das dificuldades de acesso inclusive à escola de Ensino Médio e da falta de transporte, uma porcentagem significativa de estudantes concluia o Ensino Médio, mesmo que, para alguns, isso ocorresse fora da época prevista de escolarização (47% entre 14 e 18 anos e 61% entre 19 e 29 anos). Outra questão é que boa parcela da população entrevistada, embora movida pela ilusão do diploma, identificava dificuldades de colocação no mercado pelo fato de não se sentirem preparados (aproximadamente 29%).

Os dados, de qualquer modo, já em 2008 demonstravam alta defasagem escolar entre os jovens estudantes das comunidades citadas, acompanhando, desse modo, a tendência observada em nível nacional ou até mesmo apresentando um quadro mais crítico, que se vê agravado pelas condições estruturais e sociais que estas comunidades vivem. A defasagem escolar, segundo dados da Pesquisa Nacional por Amostra de Domicílios (PNAD 2013), é alta entre estudantes de 18 ou 19 anos, que já deveriam ter concluído a educação básica, como

MÔNICA DO AMARAL

sugere o CNE. Nesse sentido, a educação brasileira continua falhando em universalizar o ensino, principalmente no nível médio:

> de acordo com dados da Pesquisa Nacional por Amostra de Domicílios (PNAD), realizada pelo IBGE, em 2013 apenas 83,3% dos jovens brasileiros de 15 a 17 anos estavam na escola. Quando se trata da conclusão dos estudos, os dados também são alarmantes: de acordo com a mesma pesquisa, *apenas 71,7% dos adolescentes de 16 anos completaram o Ensino Fundamental e somente 54,3% dos jovens de até 19 anos se formaram no Ensino Médio* (LARIEIRA, 2015, grifo nosso).

Outra observação importante, tomando em consideração os dados do relatório da OIT, lançado em fevereiro de 2014, relativo à taxa de desemprego juvenil na América Latina, entre 2005 e 2011, é relativa à desigualdade entre pobres e ricos. Na América Latina, existem cerca de 108 milhões de jovens entre 15 e 24 anos, dos quais cerca de 56 milhões fazem parte da força de trabalho, sendo que a taxa de desemprego juvenil está acima de 25% considerando somente setores de menor renda, mas fica abaixo de 10% para os de maior renda.

De acordo com a OIT (FERNANDES, 2015), contudo, um dos problemas mais preocupantes são os cerca de 21 milhões de jovens que não estudam nem trabalham, sendo que aproximadamente um quarto desses jovens busca trabalho, mas não consegue obter emprego e cerca de 12 milhões dedicam-se a afazeres domésticos (mulheres jovens, na maioria dos casos). A porcentagem de jovens que somente estudam aumentou de 32,9% em 2005 para 34,5% em 2011.

Em relação à qualidade do emprego, o estudo aponta que 55,6% dos jovens ocupados na América Latina só conseguem emprego em condições de informalidade, o que geralmente resulta em baixos salários, instabilidade laboral e carência de prote ção e direitos. O relatório diz que 6 de cada 10 empregos gerados para os jovens são informais. O texto aponta que somente 37% dos jovens contribuem para a seguridade social de saúde, e 29,4% para o sistema de aposentadorias. Dos jovens que são assalariados, apenas 48,2% têm contrato assinado, em comparação com 61% dos adultos.

A situação dos jovens alunos da EMEF José Alcântara não diferia muito dessa tendência geral na América Latina apontada pelo relatório. O fato de estes alunos estarem inseridos em um bairro de classe média alta, além do imenso contraste nos padrões de vida e de consumo entre, de um lado, as comunidades que viviam amontoadas em barracos ou nos prédios do Cingapura, mais recentemente em seus novos condomínios (com apartamentos de 55 m^2), e, de outro, os ricos moradores da região, torna muitas vezes a realidade mais perversa ainda para as populações pobres da região. Este bairro é rodeado de supermercados, lojas de luxo e condomínios de alto padrão, sem nenhum complexo industrial por perto – oferecendo, portanto, emprego apenas naqueles setores.

Sem emprego, surge o tráfico, o qual, por sua vez, é alimentado pelas populações de alto poder aquisitivo, ao mesmo tempo em que se constitui em forte atrativo para os jovens destas comunidades no sentido de propiciar uma rápida ascensão e a elevação do padrão de consumo, considerando a ausência de perspectivas, para os mesmos, de colocação no mercado. Para os meninos, a carreira no tráfico torna-se um objetivo a ser alcançado e, para as meninas, "ficar" com esses garotos ou mesmo deles engravidar é uma forma de obter *status*, o que nos pareceu contribuir para a alta incidência de gravidez precoce. E quando há emprego é para servir aos condomínios de luxo que, por sua vez, por mais que dependam da mão de obra destas comunidades, dividem-se entre aqueles que promovem ações sociais nos bairros por meio de ONGs, como o Casulo – desde que não abalem suas "estruturas" – e os que querem expulsá-los da região. Tanto num caso como no outro, são objeto de discriminação e preconceito, um sentimento amplamente denunciado pelos jovens estudantes da escola pesquisada.

Os primeiros contatos com a escola e o início da pesquisa

Em meados de 2006, após um contato inicial com as coordenadoras e diretora, fomos apresentados aos professores para que lhes fizéssemos nossa proposta de pesquisa na EMEF José Alcântara.

Houve certo constrangimento, no começo, pelo fato de percebermos uma tensão entre os professores e a direção e, diante da insistência desta última em se candidatar a bolsista, ponderamos que não poderíamos atribuir a ela uma bolsa, uma vez que o projeto era destinado aos professores. Considerávamos que havia o risco de reproduzirmos, no interior da equipe de pesquisa, os mesmos problemas possivelmente existentes na unidade escolar. Uma decisão que se mostrou acertada no decorrer de nosso trabalho de campo.

A difícil tarefa de compor uma equipe de pesquisa quando a escola e a educação estão à deriva

Logo na primeira reunião, entramos em contato com os principais problemas decorrentes da política de equidade social promovida pela via da expansão da Educação Básica, recomendada na década de 1990 pela "Conferência Mundial sobre Educação para Todos" (JOMTIEM, março de 1990), quando aplicada indiscriminadamente, sobretudo sem o aumento do nível de investimentos necessários. Um processo que se fez por meio da padronização e massificação de procedimentos administrativos e pedagógicos, reservando às unidades escolares apenas o papel de implementar as políticas decididas e impostas de cima para baixo por cada uma das gestões políticas, no caso, do município, muitas vezes sem lhes dar condições mínimas para a sua realização, gerando grande insatisfação entre os professores.

Só para se ter uma ideia de como isso se refletiu na escola, passamos ao relato de como se desenrolaram alguns momentos de nossos encontros iniciais.

Começamos nossa primeira reunião antes de nosso projeto ser aprovado pela Fapesp, em agosto de 2006, quando tivemos a oportunidade de explicar os assuntos relativos ao projeto de Melhoria do Ensino Público da Fapesp e os professores, por sua vez, de se apresentarem à equipe da universidade. Depois de expor as linhas gerais do projeto que pretendíamos desenvolver na EMEF José Alcântara, fez-se um convite informal aos professores que quisessem participar do projeto. Mas, de repente, houve um tumulto, pois uma das professoras foi solicitada para cobrir o horário de uma sala que estava sem professor em função de alguns problemas na escola (que depois mostrou ser um dos problemas crônicos desta unidade). Ela recusou-se, em um primeiro momento, a assumir a sala, pois queria participar da reunião de pesquisa, além de não aceitar essas mudanças repentinas de horário. Em um segundo momento, acabou entrando em sala de aula, para evitar "maiores complicações".

Não pudemos compreender inicialmente toda a situação, mas posteriormente nos foi informado que duas salas estavam interditadas devido a um ato de "vandalismo" atribuído à comunidade, que teria ateado fogo nas salas em um final de semana, três meses antes. Desta forma, as salas foram reunidas. Mas este era somente mais um problema enfrentado no cotidiano daquela escola.

MÔNICA DO AMARAL

Uma das queixas era a implementação/imposição do período de seis horas-aula, como parte do projeto "São Paulo é uma escola" (projeto da Prefeitura de pós-aula e de pré-aula) que, de início, contratou, por meio de ONGs, "oficineiros" em regime temporário, mas que foram depois desligados e substituídos pelos professores "em cima da hora", ou seja, sem que houvesse tempo para que os professores se organizassem para isso (não se pode esquecer que a maioria dos professores trabalha, no mínimo, em duas escolas para compor seu salário). Relataram que a verba para os "oficineiros" foi retirada e os alunos, acostumados com esse novo horário, ficaram sob a responsabilidade dos professores, já sobrecarregados com suas tarefas diárias e classes superlotadas. Essas decisões foram tomadas de modo tão repentino que criou uma confusão generalizada na escola (alguns perdendo hora-aula, outros sendo obrigados a assumir mais aulas e usando para tanto suas horas-atividade).

Discutiu-se sobre quão descontínuas e arbitrárias eram as políticas governamentais e de como isso afetava negativamente o trabalho e o ânimo dos professores. O fato inclusive de não serem consultados, de tudo vir de cima para baixo, apenas piorava a situação.

E foi nesse clima conturbado que começamos a dar explicações sobre como seriam distribuídos os passos da pesquisa por grupo de trabalho. Não sem antes ponderar que tudo aquilo que havia sido comentado e/ou experimentado e relatado acerca do cotidiano da escola deveria fazer parte de nossa pesquisa, uma vez que era o testemunho vivo das más condições de trabalho oferecidas aos professores. Os docentes perguntaram, inclusive, se a intenção desse projeto de "Melhoria do Ensino Público", financiado pela Fapesp, era de propor, no final, ao governo que as políticas de educação passassem a ser pensadas de baixo para cima, a partir dos levantamentos feitos nas escolas, uma vez que era esta uma das mais sérias preocupações da categoria de professores. Esclarecemos, no entanto, que provavelmente o apoio seria mais no sentido de instrumentá-los para que eles mesmos conseguissem conquistar esse espaço junto aos órgãos governamentais.

Salientamos, nesse sentido, quão importantes seriam os registros das reuniões, os quais, juntamente com os relatórios dos professores, forneceriam o material empírico para a elaboração do relatório final de nossa pesquisa, que desejávamos que servisse como um extenso diagnóstico da escola.

Desde as primeiras reuniões, havia a preocupação de que a pesquisa não fosse feita em horário de trabalho, uma vez que muitos deles haviam sido denunciados junto à Diretoria de Ensino pelo fato de as atividades dos projetos sobreporem-se às atividades de trabalho do professor.

Nossa grande dificuldade a esse respeito era que considerávamos que o projeto – para ser realmente efetivo, ou seja, provocasse mudanças no modo de funcionamento da escola – deveria ocorrer na escola, durante o horário de trabalho. Como veremos, este foi um impasse constante para o andamento da pesquisa, mas que foi posteriormente resolvido, quando pudemos, no ano seguinte, reservar um dia especialmente para nossas reuniões.

Passamos, em seguida, a expor como dividiriamos os grupos de pesquisa, deixando claro que o objetivo desta 1ª etapa era a realização de um levantamento diagnóstico dos principais problemas enfrentados pela escola. Note-se que todos os grupos contavam com um coordenador-professor, que tinha como objetivo organizar o trabalho dos professores e realizar um relatório conjunto dos mesmos (mensal) e um coordenador da universidade (ou eu ou meus orientandos), que tinha como tarefa potencializar as leituras e discussões teóricas. Realizamos os seguintes passos da pesquisa de campo neste primeiro momento: entrevistas com professores, funcionários e coordenadores, aplicação de questionários com perguntas abertas junto aos alunos das 7ª e 8ª séries; reuniões com o conjunto da escola; intervenções quinzenais em sala de aula, contando com a participação de dois a três professores; grupos de estudos e um curso teórico, de extensão, oferecido por mim, na escola, e dirigido a toda a rede municipal de ensino.[16]

A 1ª etapa foi realizada de junho de 2006 a junho de 2007 e contou com os seguintes subgrupos de pesquisa:

> Grupo I – Composto por professores e coordenado pela orientanda Tatiana K. Rodrigues, teve como objetivo realizar um levantamento dos principais problemas em sala de aula junto aos professores (por meio de entrevistas e autobiografias). É preciso observar que só nos foi possível realizar algumas entrevistas.
>
> Tópicos de estudo: leitura de livros e artigos sobre o tema da autoridade do professor na escola pública atual e a precarização do trabalho docente na escola pública.
>
> Grupo II – Este grupo contou com a participação ativa de diversos professores e estava sob minha coordenação. O objetivo era realizar intervenções em sala de aula, com vistas a promover discussões e debates junto aos jovens em torno de temas de interesse dos mesmos. Daí a opção de grande parte dos professores por este grupo, uma vez que tratava mais diretamente das questões em sala de aula.

---

16 O curso "Os novos rumos da cultura contemporânea, o adolescente e a escola pública: a subjetividade dos atores em uma situação de crise social", oferecido quinzenalmente durante um semestre, contou com os mestrandos, na época, Edson Y. Nakashima e Maíra Ferreira, atuando como monitores.

Tópicos de estudo: pesquisa sobre o funcionamento-limite da adolescência contemporânea.

Grupo III – Este grupo, coordenado por Luiz Abonddanza, colaborador da pesquisa, ficou responsável pela construção e aplicação de um questionário em todas as 7ª e 8ª séries sobre temáticas relativas à adolescência.

Tópicos de estudo: individualismo e vazio contemporâneo – funcionamento-limite da adolescência contemporânea.

Grupo IV – Este grupo, coordenado por Edson Y. Nakashima, responsabilizou-se pela investigação específica sobre as culturas juvenis.

Tópicos de estudo: culturas juvenis, populares e afro-indígenas.

Um mês depois, informamos que o projeto da Fapesp fora aprovado e que começaria a vigorar no início de setembro de 2006. Acordamos ainda que a cada final de mês cada um entregaria um pequeno relatório que refletisse o processo de trabalho e de reflexão da equipe de pesquisa que estava se formando.

Os professores, impossibilitados de se reunir em um mesmo horário, sugeriram que se criassem formas de se estabelecer um intercâmbio entre os diferentes grupos. No final, decidimos que o melhor seria que a equipe da Universidade ficasse um dia de plantão na escola para que fôssemos recebendo os professores, até conseguirmos ter dois horários de reunião, em que poderíamos discutir os textos lidos, assim como o andamento da pesquisa. As leituras que forneceriam as bases teóricas de nossa pesquisa deveriam ser feitas fora deste horário dos encontros uma vez que o tempo de reunião era escasso.

Neste relato, pretendemos nos ater aos dados relativos às nossas impressões do trabalho de reflexão com os professores e de algumas de nossas intervenções em sala de aula.

Como foram nossas discussões teóricas

Depois de termos feito a subdivisão de nosso trabalho de pesquisa, entabulamos uma conversa interessante com o conjunto dos professores sobre as relações estabelecidas com os jovens, seja com seus próprios filhos, seja com os alunos. Uma discussão desencadeada por uma exposição que eu fazia, a pedido deles, sobre os principais desafios da adolescência no mundo contemporâneo, devido à crescente "juvenização" do conjunto da sociedade e às dificuldades decorrentes de se estabelecer uma diferenciação entre as gerações, o que dificultava, por sua vez, o processo de conquista de autonomia por parte dos jovens. Foi nesse contexto que começamos a discutir a teoria de Jeammet (2005c) sobre a adolescência. Levantamos a seguinte questão para o grupo: "Qual a problemática central que envolve as dificuldades entre as gerações?".

Uma das professoras contou-nos sobre a dificuldade de discriminação entre sua geração e a geração de seus filhos. Ressentia-se do fato de não haver mais respeito em relação aos pais. Então, salientou: – "Aprenderam onde? Na escola ou é veiculado pela cultura?", referindo-se às respostas "malcriadas" dos filhos.

Reconheceu-se na discussão que os pais, muitas vezes, não percebiam que eles mesmos contribuíam para que ocorresse essa confusão de papéis entre pais e filhos, ou mesmo para a falta de delimitação entre as gerações. Uma prova disso era que os pais acabavam competindo espaços (lugares sociais e afetivos) com seus próprios filhos.

Levantou-se, ainda, a importância das referências do mundo adulto para os adolescentes, que só poderiam existir se a diferença de papéis e de responsabilidades entre as gerações fosse evidenciada. Salientamos, ainda, que do mesmo modo que ocorria na relação entre pais e filhos, caso os professores e os alunos tratassem uns aos outros como se fossem iguais, sem que os adultos assumissem sua responsabilidade (na formação do aluno), poderia haver perda de referências para o jovem.

Outra professora levantou a questão de que a família mudou e que a referência agora era somente a mãe. Não se falava mais em "família completa". Outro ainda ponderou que no atual momento todo mundo queria ser jovem. Nesse momento, intervimos suscitando algumas questões: – "Por que as culturas juvenis se firmaram tanto? Não será em função da diluição das gerações?". Depois de um debate acirrado, ponderamos o seguinte: "Os jovens precisam achar um lugar em que possam ser diferentes dos adultos, sobretudo se há uma tendência na sociedade à 'juvenização'". Sustentamos, nesse sentido, que a cultura juvenil emerge a título de circunscrever um espaço para as novas gerações, procurando, assim, manter um campo próprio de criatividade. Outro professor nos alertou para o fato de que havia uma verdadeira imposição, pela mídia, de modelos de relação entre as gerações.

Depois de uma discussão intensa sobre o assunto, combinamos que os grupos fariam um levantamento bibliográfico de artigos publicados na internet, revistas e livros referentes a cada um dos tópicos de pesquisa.

Em uma segunda reunião, discutimos o primeiro capítulo do livro do psicanalista francês, Philippe Jeammet (2005), com ampla experiência no tratamento de adolescentes, denominado "A emergência progressiva de uma nova classe de jovens". Os professores estavam muito empenhados; todos haviam lido e percebido que grande parte da discussão sobre a falta de delimitação entre as gerações fora apresentada no livro como um dos motivos que dificulta o intercâmbio entre adultos e jovens. Quando comentamos sobre a qualidade das relações mantidas com o mundo adulto desde criança para que o narcisismo[17] de cada um pudesse fortalecer-se, sem que o indivíduo se sentisse tão ameaçado pelo outro, muitos se colocaram na posição de pais que também se viam perdidos nesse sentido. Alguns compararam com o que observavam entre os alunos, embora enfatizassem o papel da falta de estrutura da família pobre. Outros professores posicionaram-se contrariamente a essa opinião, considerando-a preconceituosa, propondo outra leitura: de que, além da questão econômica, existiriam outros fatores, como a própria estruturação psíquica de cada um ou mesmo questões de natureza moral e cultural. Uma professora mais experiente disse que grande parte dos adultos de sua geração hibernou por longo tempo e quando acordou, assustou-se com o que viu. A professora, com essa imagem, parecia referir-se ao individualismo (ou melhor, o autocentramento) dos pais e dos adultos em geral (ou até mesmo da sociedade), da falta de abertura decorrente do mundo adulto, assim como da necessidade de uma escuta mais atenta às demandas das novas gerações no que diz respeito, sobretudo, à mudança de valores. Levantou-se a importância de se investigar o papel da internet na constituição da subjetividade e dos valores juvenis.

A respeito do papel da mídia na formação psíquica e moral dos jovens, sugeri que seria importante lermos o artigo "Novas lógicas e

---

17 Referimo-nos aqui a dois dos sentidos possíveis do conceito, tal como se pode depreender da obra *Introdução ao narcisismo* (1ª ed. 1914, 2001a), de S. Freud: o amor de si, ou o investimento libidinal do ego; e o ego, concebido como objeto total, que vincula e é capaz de atrair, em torno de si, as pulsões autoeróticas, o que pressupõe o luto do objeto primordial (AMARAL, 1997). É preciso, no entanto, para que este processo constitua "bases narcísicas sólidas" (JEAMMET, 2005c), capazes de fazer face aos dois tempos da escolha objetal, a saber, da trama edipiana e de sua reedição no início da puberdade, que haja um intercâmbio amoroso, a um só tempo, assegurador e diferenciador. Uma qualidade de relação, no entanto, que se vê ameaçada por relações indiferenciadas e fusionais entre pais e filhos.

representações na construção das subjetividades: a perplexidade na instituição educativa", de Mirta Zelcer (2006), que discorre sobre as alterações emocionais e do próprio tempo de concentração das gerações formadas pelas novas tecnologias da informação.

A preparação da pesquisa de campo junto aos alunos e professores

É preciso observar que, no início de nossos trabalhos, éramos obrigados a mudar constantemente de sala, por não nos ter sido destinada uma sala para a pesquisa. Aliás, a questão do espaço para o desenvolvimento de nosso trabalho foi objeto de uma longa negociação com os diversos segmentos da escola: com os demais professores (que não participaram como pesquisadores do projeto), com a direção e com as coordenadoras pedagógicas. Depois, passamos a compartilhar uma sala com a assistente de direção, que nos permitiu ocupá-la integralmente durante o dia de nossas reuniões; uma situação, no entanto, que ainda gerava constrangimentos, uma vez que impunha dificuldades aos professores pesquisadores, ao longo da semana, no sentido de poderem utilizar com maior liberdade o computador para a pesquisa. Enfim, esta foi uma das dificuldades encontradas, mas que aos poucos foi sendo sanada. Sabíamos que éramos um "corpo estranho" à escola e que não seria fácil sermos absorvidos sem obstáculos.

Para pensarmos em organizar nossas intervenções nas 7ª e 8ª séries, começamos a tomar contato com a grade curricular e o número de salas por série.

Número de salas de 7ª e 8ª série:

Manhã: 3 (uma da 7ª série e duas da 8ª série)

Tarde: 4 (duas da 7ª série e duas da 8ª série)

Noite: 1 (uma de suplência, com as 7ª e 8ª séries reunidas em uma única sala)

Uma das professoras lembrou-se que, na classe de suplência do noturno, havia diferenças no ritmo do programa a ser desenvolvido com a classe, em função do que se esperava para cada série, que precisavam ser respeitadas. Nesse sentido, a junção de salas de diferentes séries, imposta pela Diretoria de Ensino, devido ao número pequeno de alunos inscritos, gerava uma série de problemas e necessidades de adaptação do programa. A coordenadora lembrou que a classe de suplência era semestral, o que complicava ainda mais a situação.

Assim, entrávamos em contato com mais um dos problemas devidos à "economia" de recursos por parte dos órgãos públicos, em detrimento da qualidade de ensino.

Diante de uma série de dúvidas a respeito da ênfase do projeto – se seria em torno dos conteúdos das disciplinas ou se abordaríamos questões mais gerais, no tocante às dimensões, cultural e "humanística" – salientamos que o enfoque seria dado ao exercício da autoridade do professor em sala de aula e de sua relação com as tensões entre a cultura escolar e as culturas juvenis. A abordagem das culturas cultivadas pelos jovens nas diferentes disciplinas deveria ser analisada a partir dos resultados de nosso levantamento. Concordamos com as ponderações de alguns professores de que o exercício da autoridade dependia de muitos fatores, respeitando-se as diferenças entre as disciplinas, o estilo do professor, as características de cada classe etc.

A coordenadora do grupo que iria entrevistar os professores quis saber sobre o que iríamos pesquisar com os professores. "– Qual seria o recorte?", perguntou-nos ela. "Autoridade, do ponto de vista didático? Autoridade, compreendida antropologicamente? Ou autoridade, enquanto professor?", complementou depois.

As questões nos pareceram pertinentes e ofereciam um leque de possibilidades de abordagem e de interpretação. Tentamos explicar-lhes que a questão era mesmo complexa e que enveredaríamos por uma concepção filosófica mais ampla a propósito do declínio da autoridade na modernidade,[18] para depois repensá-la a partir das culturas juvenis, tomando como base outras abordagens filosóficas e de algumas correntes contemporâneas da antropologia, como a sustentada por Canevacci (2005b), a partir das quais se tem dirigido um novo olhar para as manifestações culturais juvenis. Ao mesmo tempo, estaríamos atentos para o modo como a questão da autoridade estava sendo internalizada pelos jovens hoje, diante das transformações dos costumes e da qualidade das relações entre as gerações.

É claro que, juntamente com a teoria, levaríamos em consideração a experiência prática, ou melhor, o saber-fazer do professor em sala de aula. Os docentes quiseram saber também como pensávamos em realizar nossas intervenções em sala de aula. De início, essas chamadas "intervenções" em sala de aula foram coordenadas por mim, sendo depois dirigidas pelos orientandos e, na segunda etapa da pesquisa, pelos próprios professores. O propósito delas era construir dinâmicas em sala de aula, que criassem uma forma de participação

---

18   Para a qual seria fundamental uma discussão prévia sobre o paradoxo apontado por Hannah Arendt inerente à educação, que consistiria no seguinte, de acordo com a autora: "O problema da educação no mundo moderno está no fato de, por sua natureza, não poder esta abrir mão da autoridade, nem da tradição, e ser obrigada, apesar disso, a caminhar em um mundo que não é mais estruturado pela autoridade nem tampouco mantido coeso pela tradição" (ARENDT, 1992, p. 245).

distinta de uma aula tradicional, portanto, não centrada apenas no adulto, mas contando com a participação ativa dos alunos, que poderia dar-se sob a forma de produção coletiva, seja por intermédio de desenhos, poesias e/ou discussões em grupo e no grupo maior, sempre contando com o acompanhamento de um professor/coordenador. A pergunta disparadora seria: "O que é ser adolescente hoje: dentro e fora da escola?".

Dando continuidade às discussões teóricas e à troca de experiências

Baseando-nos nas leituras de Lipovetsky, em *L'ere du vide* (1993), e de Jeammet (2005) sobre a adolescência, fizemos muitas discussões sobre as transformações nos campos dos costumes que poderiam interferir até mesmo na formação psicológica das novas gerações.

Abordando uma das questões suscitadas pela leitura de Lipovetsky (1993) acerca das tendências culturais de nossa época, que apontavam para a falta de densidade das relações interpessoais e se estas influiriam nas relações entre as gerações, salientei que uma das hipóteses levantadas por Jeammet (2005) é de que haveria uma dupla fonte de fragilização narcísica na adolescência contemporânea, localizada nos campos cultural e psicológico. Os adolescentes, uma vez que se encontravam em um momento de redimensionamento dos valores e formas de se relacionar com o mundo adulto, viam-se de algum modo abalados em seu *narcisismo*, e diante do esmaecimento dos limites e da diluição das diferenças entre as gerações, acabavam tendo dificuldades em se dar contornos, interna (entre as instâncias psíquicas) e externamente (entre o dentro e o fora) e, com isso, era--lhes difícil distinguir entre o que era dele e o que era do outro.

Ponderamos ainda que essa dupla fragilização (de seu narcisismo e de delimitação entre o mundo interno e o externo) fazia com que o jovem, na adolescência, se deparasse com a reabertura de questões identitárias em face de uma demanda corpórea que, muitas vezes, gerava uma espécie de "negatividade" em seu funcionamento mental, ou seja, de recusa ao intercâmbio com o mundo adulto (recusa esta que se via agravada perante relações parentais narcísicas e fusionais, o que punha em risco a construção da autonomia e identidade juvenis). Os objetos interiorizados, assim como a lei, situavam-se, com frequência, no limite entre o dentro e o fora. Desse modo, os adolescentes chegavam muito fragilizados ao mundo adulto e, sem encontrar compreensão, uma vez que os adultos não conseguiam ouvi-los em suas angústias, ficavam mais perdidos ainda.

Da pintura de Brüghel à ordem imposta pelo tráfico

Estávamos discutindo a questão da adolescência no mundo contemporâneo, de uma maneira abstrata, até que uma das professoras fez um comentário a partir de sua experiência com os alunos e com a comunidade: "Adoro as redações dos meus alunos. Pelas produções deles eu vejo que eles têm um conceito de família muito forte. Eles querem trabalhar, ajudar os pais, comprar casa para a família. Isso aparece muito."

Mas uma das coordenadoras afirmou o seguinte a respeito dos meandros e mazelas da vida na comunidade: "Eu pergunto a eles quando vêm à minha sala: – Você está fazendo o quê aqui na escola? – Quero ser alguém na vida, dizem eles. – Mas muitas vezes é um discurso vazio. O 'ser alguém na vida' pode ser ir para as 'bocas'. Eles não sabem o que estão dizendo. O registro escrito é diferente do oral".

Ela disse que no começo pedia para registrar o que eles tinham pensado sobre o motivo que os tinha levado a ir falar com a coordenadora. Aliás, foi daí que descobriu que muitos deles não sabiam escrever. Observou que a frequência com que os meninos eram mandados para fora da classe era muito maior do que das meninas (90% eram meninos) e que talvez um dos motivos fosse este – ou seja, não entendiam o que liam, ou sequer sabiam ler.

Nesse momento, uma das professoras descreveu uma cena muito viva da favela: "No barraco, eles brincam, correm, têm infância. É diferente dos prédios. Parece um quadro de Brüghel (um pintor holandês). Tem muita atividade. Vá lá um dia, Mônica! Na rua do Casulo tem barraquinhas de pastel, quibe, todo mundo conversando, é uma festa. Precisa ver isso! Quem é feliz? Nós ou eles? Uma vez, duas meninas gêmeas foram viajar e a favela inteira parou para se despedir delas".

A esse respeito, é preciso observar que a verticalização da favela do Real Parque, resultante do projeto de reurbanização empreendida pela Prefeitura de São Paulo, modificou justamente este aspecto rico de convivência, antes existente na comunidade.

Comentamos que quando éramos estudantes realizávamos diversos trabalhos em comunidades espalhadas pela cidade, sem nenhum receio. Os moradores dessas comunidades tentavam viver bem a despeito das condições precárias em que viviam, mas hoje havia por trás uma guerra surda – a do tráfico e a do crime organizado.

Neste momento, outros professores comentaram sobre as três gerações de traficantes que se sucederam na comunidade do entorno: "O primeiro que foi morto era muito respeitado. Depois vieram os moleques que barbarizaram. E finalmente o PCC que pôs ordem no pedaço!"

Mas uma professora lembrou que a ordem imposta pelo PCC era duvidosa: "É, mas as mães reclamam que o PCC incentiva as crianças a fumar maconha e que é uma luta para elas educar seus filhos!".

Os alunos não são mais como os de antigamente

Antes de dar início à reunião propriamente dita, começamos a conversar informalmente a respeito do projeto e de suas implicações. Uma professora queixou-se do "nível baixo de educação" dos alunos. Disse-nos que antes os alunos vinham de casa já educados e cabia ao professor apenas transmitir o conhecimento. Hoje, disseram alguns, cabe ao professor "educar" os alunos (querendo dizer com isto, que lhe é exigido ensinar-lhes comportamentos, atitudes e "posturas adequadas") e por causa disso não tinham tempo para passar o conteúdo das aulas. Também comentaram que a "falta de educação" dos alunos estava relacionada com a condição socioeconômica destes.

Quando os docentes falavam da pouca educação dos alunos, pareciam referir-se tanto a um mínimo de disciplina e de organização necessárias para a realização das tarefas escolares, quanto ao modo grosseiro com que se relacionavam entre si, ou ainda com os professores e funcionários. Era-lhes muito difícil admitir que os alunos estivessem espelhando o modo como eram tratados pelos adultos. Além disso, parecia-nos estar em jogo a diferença de valores e de costumes entre alunos e professores.

Uma professora ponderou que os alunos eram indisciplinados porque seus pais os abandonavam. Por isso, a escola tinha que assumir o cuidado dessas crianças. Enquanto os pais trabalhavam, as crianças ficavam na escola ou sozinhas em casa, encontrando-se muitas vezes sem uma referência adulta.

A grande questão é se estávamos diante do abandono dos pais ou de uma situação perversa criada por um Estado que se omitia, pois se preocupava com o leite, mas não oferecia o suporte devido, seja às famílias que trabalhavam o dia inteiro, seja aos professores.

No momento em que iniciamos uma discussão sobre como realizaríamos a pesquisa de campo, uma das professoras presentes, ao comentar as questões relativas ao projeto, disse que se mantinha na docência porque era um desafio constante. A todo instante, era-lhe colocado um problema a ser resolvido. Considerava enriquecedor o exercício da docência, uma vez que aprendia muito com essa experiência, querendo dizer com isto que a pesquisa era uma constante em sua prática docente.

A escola virou um clube? Ou a questão é mais complexa do que parece?

Em um diálogo com os professores da tarde, salientou-se o fato de os alunos, muitas vezes, tratarem a escola como se fosse uma espécie de clube. Muitos achavam que a maioria dos alunos ia à escola com um único objetivo: divertir-se. Outros ponderaram, no entanto, que a escola era uma forma de inserção social, talvez uma das poucas para aquela população. Mencionaram as diferentes políticas públicas adotadas por cada gestão, sublinhando as dificuldades oriundas da descontinuidade dos investimentos da Prefeitura na educação. Lembraram-se que a ex-prefeita Erundina (gestão 1989-1992) inovou muito nessa área, mas o ex-prefeito Maluf (gestão 1993-1996) e depois o Pita (gestão 1997-2000), quando assumiram a Prefeitura, retiraram várias conquistas da categoria dos professores; depois, no mandato da prefeita Marta Suplicy (gestão 2001-2004), retomou-se esse investimento na educação, embora se desse maior ênfase aos alunos do que aos professores. Quando José Serra assumiu o cargo de prefeito (gestão 2005-2006), ele retirou os cursos para os professores e manteve os benefícios relativos aos alunos. Já no segundo mandato da gestão de Kassab (2008-2012),[19] algumas coisas mudaram, com a aprovação do

---

19 Gilberto Kassab assumiu a prefeitura de São Paulo em 31 de março de 2006, após a renúncia do então prefeito, José Serra, para este se candidatar ao go-

Plano Municipal de Educação, aprovado pela Câmara Municipal em 2013. Na gestão de Haddad (iniciada em janeiro de 2013), segundo os professores, houve o compromisso de dar continuidade ao plano aprovado. Para os professores, foi um avanço, uma vez que a mudança de política em cada governo prejudicava a prática docente, bem como a conquista de melhorias para a educação de um modo geral, uma vez que provocavam sucessivas descontinuidades nas práticas escolares.

Na época, a Prefeitura (gestão do Kassab) fornecia gratuitamente aos alunos tênis, meias, uniforme e material de estudo. Além disso, pagava em média 60% a mais aos professores do município em relação ao salário dos professores do estado.

Comentamos que o tema da precarização do trabalho docente seria um dos assuntos de estudo de nossa pesquisa. Mas o que eles estavam nos dizendo é que tinham sua própria leitura acerca da questão.

Os professores comentaram sobre o problema do esvaziamento das classes do supletivo. Muitos alunos foram viajar nas férias e não voltaram de viagem ou não fizeram a matrícula no curso. Por causa disso, para manter o curso funcionando, foi decidido que os alunos seriam reunidos todos numa mesma sala de aula. A sala do supletivo podia ter no mínimo 28 alunos e se tivesse menos do que isso, a Prefeitura fechava a sala e retirava a aula do professor em qualquer momento do curso, mesmo que fosse no meio do semestre. Com isso, o salário dos professores diminuía e os alunos que "sobrassem" ficavam sem aula.

---

verno do estado de São Paulo nas eleições de outubro de 2006. Nas eleições de outubro de 2008, Kassab conseguiu se reeleger, derrotando em segundo turno a candidata do PT, Marta Suplicy. Em 31 de dezembro de 2012, término de seu segundo mandato, Gilberto Kassab completou 6 anos e 8 meses à frente da prefeitura.

MÔNICA DO AMARAL

Foi comentado também que a Prefeitura oferecia cursos não presenciais e a ideia era acabar com o supletivo, porque apresentava um custo muito alto. Alguns professores diziam que a intenção era privatizar o supletivo ou passar a tarefa para as ONGs, uma iniciativa considerada por alguns como resultado do uso indevido do dinheiro público, pela via da terceirização dos serviços. Outros disseram que o intuito da Prefeitura era de fortalecer o CIEJA (Centro Integrado de Educação de Jovens e Adultos) e acabar com o supletivo. O CIEJA seria coordenado pela Prefeitura e, apesar de não ser um serviço terceirizado, teria outro caráter uma vez que não seria presencial.

Os professores sentiam-se desprestigiados e completamente alheios em relação às decisões da Prefeitura. Afirmaram que se a intenção do governo era acabar com os altos custos na educação, desse jeito iria acabar com os próprios professores. Queixaram-se do descaso da gestão municipal em relação ao que faziam e de como se sentiam desamparados e, como veremos, desautorizados (para o exercício pleno da docência, que envolve, necessariamente, a autonomia no planejamento e execução das aulas).

Perguntamos aos professores porque houve essa diminuição da demanda no curso supletivo. Os professores disseram que os alunos (muitos deles oriundos do Nordeste) viajavam muito para a casa dos parentes, principalmente nas férias. Eles ficavam em casa dos familiares e tentavam permanecer por lá. Mas, quando percebiam que não havia trabalho resolviam voltar para São Paulo e retomar seus estudos. Havia, portanto, antes de tudo, uma diferença entre a temporalidade psíquica e cultural, na qual se inscrevia a demanda escolar desses alunos e a temporalidade fixada pelo calendário escolar, que retratava uma diferença de valores culturais, inclusive.

Uma das professoras, também nordestina, disse entender bem a realidade desses alunos. Os alunos da comunidade (que moravam na favela), segundo ela, gostavam de seus lugares de origem, mas vinham para São Paulo por causa da oferta de emprego e de melhor remuneração. Porém, retornavam para o Norte e o Nordeste atraídos pelas festas regionais (provavelmente em busca de suas raízes e tradições).

Outro professor, que veio do Sul, afirmou que a cultura do Rio Grande do Sul era radicalmente diferente, lembrando que lá prevalecia uma cultura típica do imigrante europeu. A vinda dos gaúchos para São Paulo era vivida de forma bem diferente dos nortistas e nordestinos, pois os primeiros, diferentemente destes, procuravam fixar--se mais no lugar para onde migravam e ganhar reconhecimento.

Reconheceram que, apesar da qualidade de vida em São Paulo ter diminuído, havia ainda muitos migrantes na metrópole em busca de melhores condições de vida e de trabalho.

Apontaram ainda o fechamento das indústrias e a fuga de capital para outras cidades, como o interior de São Paulo, que era um dos fatores importantes responsáveis pelo rebaixamento do nível de vida em São Paulo. Disseram que havia muito mais empregos de carteira assinada no interior de São Paulo do que na capital. Mencionaram ainda a mudança nos polos industriais, dando como exemplo a indústria de sapato que foi praticamente destruída no Sul.

Perguntamos a eles como essa realidade tão diversa das regiões do Brasil, com a migração para a metrópole, acabava incidindo na escola pública e alguns professores relembraram que o ensino público já foi de "elite" e que agora não era mais. O jovem não entrava mais em uma boa universidade, nem tampouco era preparado para um serviço técnico ao qual pudesse dedicar-se. Essa falta de perspectiva contribuía para o baixo investimento nos estudos.

Um comentário que parecia atribuir ao caráter multifacetado étnico e cultural dos alunos a queda do nível da educação pública, sem se atentar para o fato de a universalização do acesso à educação ter caminhado junto com a precarização do ensino e das condições de trabalho oferecidas ao professor.

Uma professora relembrou dos cursos profissionalizantes que eram realizados na própria escola municipal, mas que não existiam mais. Hoje os cursos técnicos estão a cargo do estado e do governo federal e são poucos para uma demanda relativamente grande.

Ponderaram, ainda, que a universidade não estava preparada para a democratização do ensino (referindo-se à universalização do ensino fundamental e médio) e que, por isso, não preparava adequadamente o professor para essa mudança de realidade. Por fim, ponderou-se que cada região tinha uma cultura diferente e que essas diferenças não eram consideradas em sala de aula.

Salientamos que essas discussões acerca das peculiaridades de cada realidade eram fundamentais para entender a escola e suas vicissitudes. E que a má distribuição não era só de renda, mas também de cultura.

Os professores disseram, ainda, que os alunos, quando saíam para os passeios promovidos pela escola, sentiam-se envergonhados. Contavam que muitos deles não gostavam de ir ao shopping center, porque os seguranças os discriminavam, exigindo que saíssem. Havia uma praça perto da escola que eles também não podiam frequentar, porque os seguranças pagos pela elite do bairro não permitiam. Denunciavam, desse modo, a segregação social a que os alunos das comunidades do Real Parque e do Jardim Panorama encontravam-se submetidos em um dos bairros mais ricos da cidade.

Os professores, sensibilizados frente a tamanho cerceamento da liberdade de circulação de jovens e crianças moradoras do mesmo bairro (em que condomínios, cada vez mais luxuosos, invadiam gradativamente a região habitada por seus antepassados havia mais de cinquenta anos), relataram os sacrifícios feitos por muitos deles,

O QUE O RAP DIZ E A ESCOLA CONTRADIZ

que faziam questão de levar os alunos a esses lugares considerados proibidos para "os pobres" (como praças, parques e shoppings), conduzindo-os a regiões distantes a pé, debaixo de chuva, muitas vezes. Mais de uma vez, os docentes viram-se obrigados a "dar o sangue" de si mesmos para oferecer algo diferente para aquelas crianças. Uma professora relatou-nos que foi a pé ao shopping com os alunos para levá-los ao cinema. Na volta, como chovia muito, um motorista do ônibus que passava por eles ofereceu-lhes carona, porque ficou com pena de vê-los andando debaixo de uma forte chuva.

Diante de um Estado tão displicente e inoperante (que sequer disponibiliza ônibus para iniciativas com essas), que abandona professores e alunos ao "Deus dará", relembramos de uma questão colocada por Jeammet (2005) para discutir um tema afim: que classe de jovens era essa que não queria saber do mundo adulto? Será que não estaria refletindo em espelho (ou melhor, funcionando como "espelho retrovisor")[20] o que a própria sociedade os fazia passar? Comentamos

---

20 Aqui tomamos de empréstimo uma expressão utilizada por Regina Novaes no artigo "Os jovens de hoje: contextos, diferenças e trajetórias", publicado em: ALMEIDA, M. I. M. de; EUGÊNIO, F. (Orgs.). *Culturas jovens: novos mapas do afeto*. Rio de Janeiro: Jorge Zahar, 2006, p. 105-120. A autora utiliza-se dessa metáfora para se referir a uma forma de agir do adolescente que refletiria um passado de desigualdades que "ainda não passou", ou, conforme denunciam autores como Schwarz (1997) e Ortiz (2006), o hiato ainda não superado entre as intenções de modernização do país e sua efetiva realização. Mais do que em outras regiões de São Paulo, em um bairro tão agudamente contrastante como o Morumbi, evidenciam-se as consequências nefastas de um passado colonial escravocrata, que não foi apagado com as iniciativas modernizadoras adotadas ao longo da história de nossa república: uma vez que a "elite brasileira" parece ter interpretado como moderno assumir o padrão de consumo do 1º mundo, pouco se importando com as prioridades das classes populares.

também sobre estudos de psicanalistas que apontaram para o papel devastador que a "humilhação social"[21] poderia exercer na constituição, ou melhor, no "apagamento" da construção identitária do aluno. A esse respeito, os professores relataram que o fato da rua da favela não ter sequer um nome envergonhava muito os alunos. Quando a Prefeitura colocou o nome na rua, os jovens sentiram-se orgulhosos, porque passaram a ter um endereço, o que contribuiu, segundo os professores, para a construção da identidade daquela comunidade.

Depois de entrarmos em contato com a vivência do cotidiano escolar desses professores, e como também iniciássemos nossas intervenções em sala de aula, foi-se evidenciando para a equipe que perguntas faríamos no questionário a ser aplicado aos alunos das 7ª e 8ª séries, população-alvo de nossa pesquisa (Anexo I). Depois de aplicado o questionário, tivemos todo um trabalho de construção coletiva de nossas categorias de análise.

A construção do método em consonância com o objeto

Com um olhar voltado para as tendências contemporâneas da cultura, cada vez mais fluidas, e de como estas se mesclam com nosso passado, cuja herança conserva os traços retrógrados que acompanharam desde o início o avanço do projeto de modernização brasileira, e outro, para a especificidade daquela escola pesquisada, procuramos delinear uma metodologia de análise dos questionários (aplicados a quatro classes de 7ª série e a três classes de 8ª série), não de acordo com uma abordagem quantitativa, mas segundo uma abordagem qualitativa inspirada no método psicanalítico.

---

21 Cf. Dissertação de mestrado de José Moura Gonçalves Filho: *Passagem para a Vila Joanisa: uma introdução ao problema da humilhação social* (1995).

O QUE O RAP DIZ E A ESCOLA CONTRADIZ

A análise desses questionários foi inspirada, inicialmente, no trabalho desenvolvido na área de psicologia e educação por Milnitsky-Sapiro (2006), que propõe um método de análise do discurso, considerado pela equipe muito próximo do modo como pretendíamos abordar nosso objeto: no caso, o discurso do adolescente sobre a escola e suas vivências extraescolares (familiares, culturais), respeitando suas próprias concepções. Além disso, a autora propõe formas bem interessantes de pesquisar o campo para se percorrer o entrelaçamento dos caminhos de cada sujeito com outros sujeitos, por meio de recortes do contexto social, como acreditamos ter feito na escola, realizando grupos de reflexão com os professores, entrevistas individuais com os mesmos, intervenções em sala de aula com a presença de alguns professores da equipe e, finalmente, aplicando um questionário junto aos alunos. Milnitsky-Sapiro (2006) procura fundamentar sua metodologia de análise na teoria das representações sociais, sustentada por Jovchelovitch, que em seu artigo "Vivendo a vida com os outros: intersubjetividade, espaço público e representações sociais" (2000) defende uma ideia, fundamental para nossa pesquisa, envolvendo a apreensão da relação indivíduo-sociedade, afastada de qualquer compreensão psicologizante ou sociologizante.

Uma concepção que, de acordo com o nosso ponto de vista, aproxima-se da que é sustentada por Theodor W. Adorno, em um belíssimo artigo "Sociology and Psychology" (1967, 1968), em que o autor sustenta a necessidade de dialetizar as categorias intrapsíquicas psicanalíticas, de modo a apreender o modo como elas se comunicam com as categorias socioculturais, sem reduzir uma à outra, mas preservando a tensão entre os dois domínios. O objeto é tomado por Adorno como a "nervura", o ponto em que a dialética se torna materialista. Em um debate com Lucien Goldman a propósito das relações entre a sociologia e a literatura, Adorno sustenta uma compreensão muito clara do que seja um pensador dialético: que no sentido rigoroso do termo não pode sequer falar de método "pela simples razão de que o método deve ser uma função do objeto e não o inverso" (GOLDMAN *apud* ADORNO, 1975, p. 33).

Sem pretender realizar propriamente uma apreensão conceitual materialista em nossa pesquisa, porém inspirados por essa compreensão dialética da relação entre a teoria, o método e o objeto, procuramos nos acercar de um objeto, que se nos demonstrou como uma realidade bastante complexa – as relações entre os agentes escolares e os alunos de uma escola pública, e de como estes últimos, movidos por determinadas tendências das culturas juvenis, poderiam provocar uma "reversão dos valores" vigentes na cultura escolar a ponto de fazê-la repensar as concepções de autoridade e transmissão – por meio de conceitos filosóficos, que pudessem conferir novos contornos ao objeto em sua realidade efetiva.

Tomando essas ideias como norteadoras de nosso trabalho de investigação, cuja abordagem teórico-metodológica deu-se no sentido de respeitar as especificidades e a complexidade de nosso objeto, e pensando especificamente na análise dos questionários, consideramos a proposta metodológica de Milnitsky-Sapiro (2006) bastante interessante e convergente com a ideia de Adorno (1975) no sentido de conferir o primado ao objeto, embora o tempo escasso que tínhamos para a análise não nos permitisse orientarmo-nos inteiramente por suas propostas. A autora defende, basicamente, que seja feita uma descrição de cunho etnográfico de modo a respeitar a linguagem da comunidade pesquisada sem partir de categorias temáticas *a priori*, mas, ao contrário, procurando depreendê-las do discurso dos sujeitos pesquisados, atentando para as "variações culturais, a partir da compreensão do significado da própria linguagem do grupo, buscando compreender seus significados no contexto" (MILNITSKY-

SAPIRO, 2006, p. 5). Um registro etnográfico que seria feito tanto a partir de relatos de diário de campo que, aliás, sempre nos acompanhou, como a partir dos depoimentos dos indivíduos cuja realidade estivesse sendo pesquisada.

Nossas leituras dos questionários passados aos alunos das 7as e 8as séries e a escolha de categorias, a partir das quais reunimos as respostas e as interpretamos, foram feitas de um modo bastante prolífero: fizemos a leitura das respostas dadas individualmente por cada aluno em voz alta para toda a equipe de professores; em seguida, anotávamos os comentários com base na experiência dos professores em sala de aula e a partir delas criávamos categorias e subcategorias de análise, evidentemente também informadas pelas leituras realizadas. E, desse modo, fomos relatando nossa experiência de campo e escolhendo títulos para os itens relativos ao relato de campo que expressassem a imagem mais forte que ficara das leituras e comentários, como, por exemplo: "Da pintura de Brüghel à ordem imposta pelo tráfico", para exprimir a tensão entre a alegria de viver experimentada na comunidade e a violência do tráfico; "A regência das aulas diante de vozes tão dissonantes", sobre os desafios para se pensar as aulas diante da diversidade de interesses dos alunos; "Sobreviver no inferno... é possível?", referindo-se ao tema de um CD dos Racionais (1997) que remete às situações-limite que podem levar um garoto pobre ao crime ("Se dirigem a mim como se eu não fosse nada/Eu só tinha 16 anos/Inteligência e personalidade... mofada/Humilhação na escola/A rua me atraía mais do que a escola"); "Somos humildes, porém unidos!", expressão comum entre os alunos para se referir à sua força de união, apesar da miséria e preconceitos que os atingiam. E outras frases por meio das quais procuramos exprimir o descrédito dos alunos em relação ao que lhes era oferecido pela escola: "A escola é um passatempo ou... uma perda de tempo?", "A escola não é mais como antes...

Disciplina é preciso, mas delatar colega, não!", "A escola é carinho e educação... mas também dificuldades para ensinar e aprender", "A fuga para a frente... em direção a um futuro melhor". Por fim, frases e imagens que expressassem o desenraizamento étnico, como: "São amigos do meu pai... o meu pai é *Pankararu*... e eu, quem sou?"; ou ainda, uma frase musical que faz reviver o passado no presente, promovendo uma verdadeira "telescopia histórica" da diáspora africana, como o faz esta letra do rap "Castelo de Madeira", de Demis Preto: "Sou Príncipe do gueto, Só quem é, desce e sobe ladeira, meu castelo é de madeira".

Analisemos como se deu efetivamente a construção desse método, tanto em nossas intervenções em sala de aula com os alunos, contando com a presença de professores e pesquisadores da universidade, quanto na análise dos questionários distribuídos aos alunos, destacando os momentos mais importantes da pesquisa.

Entre as conversas e a troca de experiências, tece-se a pesquisa

Antes de construirmos o questionário que seria passado em todas as classes de 7ª e 8ªs séries, consideramos fundamental colher mais informações sobre o universo dos alunos por intermédio das intervenções em sala de aula, contando com a participação dos professores do projeto e orientandos, na fase inicial do projeto, para que no ano seguinte tivéssemos mais elementos para a elaboração das questões dos questionários. Com isso, poderíamos contar ainda com uma reflexão *in loco* sobre a relação entre professores e alunos, propiciando, desse modo, uma intimidade maior com o cotidiano escolar.

Para essas intervenções, pensamos em sugerir questões bem abrangentes, exatamente no intuito de fazer um amplo diagnóstico dos principais problemas experimentados por aqueles jovens. Pensamos que o desenho, eventualmente acompanhado de alguns dizeres, seria uma forma de expressão mais próxima do campo imaginário (à imagem dos sonhos), portanto, menos atravessado por racionalizações. A instrução dada em cada sala foi a que se segue:

"Propomos a vocês que façam dois desenhos, sobre os seguintes temas:

– O que é ser adolescente hoje?

– Faça um retrato do mundo lá fora x o mundo da escola".

Levantamos, ainda, algumas sugestões para a intervenção em sala de aula com os alunos, que poderiam ser pensadas pelos professores ao longo do trabalho:

– O que é ser jovem?

– Onde está a criatividade dos jovens? (poesia, dança, canto, esporte...)

– Como a escola poderia absorver essa criatividade?

– Onde e como se dá a formação?

– Poderia ocorrer na escola? Com quem mais?

– É possível combinar a autoridade do professor com a criatividade dos alunos?

– Como acontecem as relações entre as gerações hoje? Como era antes?

– Qual o limite entre a liberdade necessária para a constituição da subjetividade do jovem e o respeito ao professor?

A propósito do roteiro de entrevistas com os professores, pensamos nas seguintes questões:

– Por que nos tornamos professores?

– Por que continuamos professores?

– Por que um dia nos tornaremos professores?

Uma discussão preliminar sobre
a primeira fase da pesquisa

Sobre as entrevistas realizadas com os professores

As entrevistas feitas com os professores evidenciaram, em detalhes, os interstícios do caos na escola e a violência em seu exterior presente no cotidiano de uma comunidade de pessoas pobres, que viviam em barracos a um quarteirão dos prédios mais luxuosos do Morumbi. Diante de tais revelações, começamos, eu e minha equipe, a nos colocar no lugar daqueles professores, que ficavam literalmente entre a cruz e a espada. Como exercer qualquer tipo de autoridade, em tais circunstâncias?

De um lado, uma burocracia desumana que instituiu um sistema centralizado de distribuição de aulas, em princípio para evitar qualquer tipo de favorecimento local, mas que impedia uma resposta imediata aos problemas de reposição de professor. Uma questão que se via agravada pela falta de empenho da Direção daquela escola em formar turmas à noite. Os critérios adotados para atribuição de aulas geravam outros tantos problemas em cascata: os professores titulares da noite, ao perderem suas aulas, assumiam as aulas dos professores adjuntos da manhã (e isso no meio do ano); estes, por ficarem com poucas aulas, faltavam, dando prioridade para outras escolas onde tinham maior carga horária. Os que faltavam não eram substituídos porque a Secretaria Municipal de Educação decidiu que não contrataria mais professores eventuais. Os professores ficavam fragilizados e estressados com toda essa situação, o que os deixava à mercê dos mandos e desmandos da Direção e da Secretaria Municipal de Ensino. Os alunos, por sua vez, por sentirem esse descaso em relação a eles por parte da escola, quando um professor entrava em sala de aula não tinham para com ele qualquer respeito ou consideração.

O resultado do levantamento das opiniões dos alunos sobre a escola e de suas preferências musicais: reflexões sobre a formação dos alunos

No âmbito da formação escolar, é preciso observar que a cultura letrada expandiu-se para além da aristocracia rural dos tempos coloniais, atingindo as classes médias, nas quais se incluía a maioria dos professores, mas, permanecia rigorosamente excludente, uma vez que as classes populares que viviam na periferia de São Paulo permaneciam no "limiar da escrita". Os jovens, embora frequentassem a escola, apresentavam sérias incompatibilidades com a cultura escolar, o que parece ter contribuído para a alfabetização bastante precária dos mesmos.

Muitos alunos reclamavam da falta de espaço para manifestações culturais, ou mesmo para sugestões e críticas ao ensino que lhes era propiciado. Queixavam-se, ainda, da falta de espaço, do excesso de crianças na escola. A esse respeito, os professores alertaram-nos sobre diversos fatores que dificultavam o exercício da docência naquela escola: o número excessivo de alunos por sala, a presença simultânea de crianças de diferentes faixas etárias, cujos horários de recreio ocorriam alternadamente, o que promovia um barulho constante que invadia a sala de aula, e impedia que alunos e professores pudessem escutar-se minimamente.

Além disso, era uma constante a denúncia da falta dos professores, com frases do tipo: "Não deixem os professores faltarem muito!". Outras reivindicações expressavam o desejo de uma escola com o mínimo de condições necessárias para o convívio de tantos alunos (cerca de 1.800 alunos), como: cobrir a quadra (um pedido reiterado

MÔNICA DO AMARAL

dos alunos, que foi atendido anos depois), mudar as carteiras (rabiscadas por eles mesmos), nova pintura no refeitório, melhorar a alimentação, mais água nas pias dos banheiros, limpar os bebedouros, colocar papel higiênico. Banheiro limpo (de preferência com espelho, uma reivindicação das meninas) e com chuveiro, uma reivindicação de mais de um aluno. Um dos depoimentos nos chamou a atenção pelo modo como tentou nos sensibilizar (na esperança de que seriam escutados pela Direção da Escola) para a importância da reivindicação do chuveiro, explicando o incômodo e as dificuldades de se fazer Educação Física no meio das aulas: "Eu queria que mudasse muitas coisas. Quando nós vamos para a educação física e acaba a aula, ficamos suados. Nós gostaríamos de um chuveiro para não ficarmos fedendo. Gostaríamos de uma reforma das quadras (quadras pintadas, travas com redes e cestas de basquete), uma comida melhor e trocar alguns professores, principalmente de Educação Física".

Por fim, sugeriram atividades culturais, que iam desde campeonatos, concursos de desenho, espaço para dança, tocar e dançar, instrumentos musicais, teatro e até aulas de espanhol.

Enfim, demonstraram que sabiam muito bem o que significava ter uma escola de boa qualidade, a começar pelo estado de conservação da mesma, além da ausência de manifestações culturais por eles apreciadas, às quais tinham acesso por meio das ONGs que atuavam na região, mas que consideravam ser uma obrigação da escola oferecer.

Embora este não fosse o nosso objetivo, não houve como deixar de observar que eram poucos os alunos que apresentavam um bom domínio da escrita, sendo que, na sua maioria, tendiam a reproduzir por meio da escrita a linguagem oral empregada em seu cotidiano. Uma característica que posteriormente soubemos explorar criativamente, por meio de atividades com o rap, o repente e a literatura de cordel, justamente pelo fato de que estas linguagens promoviam uma espécie de inversão do que se praticava na escola. Enquanto no âmbito escolar a linguagem oral encontrava-se subjugada à linguagem escrita, essas expressões poéticas elevavam a linguagem oral à condição de carro-chefe da escrita.[22]

De outro lado, a falta de reconhecimento das culturas negra e indígena, passando inclusive pelas tentativas de assimilação bárbara de seus bens materiais e culturais, observada desde a época colonial, permanecia de algum modo presente na escola. Um fenômeno que se manifestou por meio de uma verdadeira amnésia social (que se fez presente pela negação ou pelo não estabelecimento de relações entre suas origens e o legado cultural deixado por seus antepassados) observada no imaginário juvenil dos grupos entrevistados em relação à contribuição de tais grupos étnicos (como a dos indígenas *Pankararu*) às culturas contemporâneas brasileiras, ou, mais especificamente às culturas juvenis. Eram frequentes frases que denunciavam uma verdadeira cisão no discurso dos jovens alunos da etnia *Pankararu* em relação às suas origens, dizendo, por exemplo: "São amigos do meu pai"; "O meu pai é *Pankararu*". E o jovem, pelo visto, não se incluía entre eles.

Embora a esse respeito tenhamos identificado, dentre as culturas juvenis apreciadas pelos alunos, muitas músicas sertanejas, forró, pagode, que se incluíam no gênero "cultura popular", não como expressão legítima do homem rústico brasileiro, mas como resultado de uma mescla entre os costumes tradicionais e aqueles ditados pela indústria cultural. Uma exceção deve ser apontada em relação aos gêneros rap e hip hop, que têm denunciado a opressão e a discriminação que recaem sobre o jovem pobre, sobretudo negro, na periferia das

---

22 Béthune (2015), em seu artigo "Sobre os traços do rap", sustenta que a escrita do rap propõe-se a dinamitar as formas literárias consagradas.

grandes cidades. Foi observado, entre os jovens da escola, que muitas das músicas e letras apreciadas por eles representavam um apelo para que os retirassem do crime e do tráfico, oferecendo-lhes alguma perspectiva de "vida digna".

No que se refere às questões relativas à sexualidade, há que se reconhecer a presença de uma relação mais livre dos jovens com sua sensualidade, liberada de preconceitos em relação aos costumes de uma dada geração da classe média, o que criou embates entre os *mores* dos alunos e os dos professores, uma vez que os primeiros não conferiam o mesmo peso que os segundos ao forte apelo sexual das letras das músicas e das danças, suscitado pelo funk. Em relação à gravidez precoce (observada já desde os doze anos) – embora muitos considerassem que era um modo de abortar a adolescência, prejudicando sua liberdade, além de comprometer os estudos e até mesmo seu futuro – nem sempre era vista como algo assustador, podendo até ser experimentada como algo bom, se houvesse amor entre o garoto e a garota, sobretudo quando contavam com apoio familiar. Não se pode negar, entretanto, que a ameaça de gravidez começava a preocupar os jovens, fazendo com que muitos deles associassem a sexualidade com o desaparecimento da leveza própria ao amor adolescente, substituindo-a pelas responsabilidades do mundo adulto, às quais atribuíam ideias como: "virar homem", "trabalhar", "assumir a criança", "prover a família", "tornar-se mulher". A prevenção, embora estivesse presente no imaginário juvenil, parecia distante da prática sexual entre os adolescentes, o que acabava prejudicando aquilo que mais apreciavam – ou seja, o campo da experimentação amorosa, traduzida pelo "ficar", "namorar gostoso", "curtir as baladas" etc.

CAPÍTULO 5

Programação das intervenções em sala de aula: como construir uma metodologia de pesquisa em ação

Decidimos fazer inicialmente duas intervenções em salas com perfis bem diferentes: a 8ª A, segundo a professora de matemática, era uma classe que precisava de cobrança intensiva. Gostavam de "curtir o ócio", eram barulhentos. Havia, segundo outra professora, um aluno difícil, sempre alheio, que não fazia as atividades, envolvendo a classe em atividades paralelas mais divertidas. Esses alunos pareciam não ter compromisso algum sequer com eles mesmos. Já a 8ª B, cujos alunos foram caracterizados pela professora de História como colaboradores, um pouco tímidos, com dificuldades de "se colocar", mas, com um "pequeno problema" – costumavam vaiar os colegas. Já a 8ª C, iríamos conhecê-la... Os professores não quiseram comentar sobre a percepção que tinham da turma.

Salientamos que, para Jeammet (2005), a questão do adolescente no mundo atual poderia ser resumida pelo seguinte paradoxo: exatamente porque são mais dependentes, precisam tomar distância do objeto de investimento (pais, professores e namorados) para garantir sua autonomia. Como as bases narcísicas encontram-se fragilizadas, a opinião do outro tem muito peso e ameaça a construção de sua autonomia. Eles rejeitam o mundo adulto, mas precisam estar junto dele. Não podem sequer imaginar o abandono.

Salientamos que a questão que ficava para nós adultos, educadores era: "Como dar o ombro sem intensificar a dependência?", "Que papéis exerciam o professor e os pais na formação do adolescente?"

Ponderou-se que, na perspectiva dos jovens, os papéis de um e de outro não pareciam ser os mesmos.

Em seguida, começaram a nos relatar como eram seus alunos procurando apreendê-los em suas especificidades.

Uma delas, atenta às dificuldades dos alunos que podiam estar por trás de tais inquietações, comentou o seguinte: "É importante que eles vejam que tudo vai passando e que têm condições de superar as dificuldades. Por exemplo, a passagem da quarta para a quinta série marca uma mudança, uma evolução! Na 5ª série, eles fazem questão de um caderno com todas as matérias: Universitário. Eles nem aguentam o peso do caderno!"

(Tal o desejo de crescer...)

Outra professora relatou-nos como muitos de seus alunos ficavam aprisionados por tabus e crenças em poderes mágicos:

"Um dia uma aluna minha me chamou e pediu que eu visse como a mão dela estava fria. 'Você sentiu?', ela me disse. Eu respondi: 'Daqui a pouco esquenta'. Ela falou: 'Não! Minha mãe disse que minha mão nunca vai esquentar mais porque eu tive um aborto'. Elas são crianças. Acreditam em histórias como estas, mas engravidam".

Outra reforçou: "Eles acreditam em muitos tabus. Minha empregada disse que passou a mão no cachorro e ficou com disenteria".

E ainda outra professora associou o seguinte: "Eu fiquei sabendo que minha aluna estava grávida assim: durante a aula de educação física, eu quis recolher a bola. Perguntei: – 'Onde está a bola'? Eles responderam: 'Na barriga dela!', apontando para a garota que estava grávida".

Quer dizer que ser jovem passava pela gravidez e o aborto, experiências muitas vezes traumáticas para eles.

Por fim, perguntamos aos professores se consideravam que a pesquisa poderia mudar algo na escola. Ao que nos responderam:

"Daqui há quatro anos, sim. Agora é muito cedo! responderam. "Quem se interessa são sempre os mesmos professores, que são mais abertos... Para contagiar a todos demora um pouco. Tem que insistir."

O resultado da pesquisa em ação na sala de aula – uma experiência de regência compartilhada entre professores pesquisadores e pesquisadores da Universidade

Pretendemos nos ater às experiências em sala de aula com as 8as séries, das quais participamos diretamente na coordenação do trabalho em classe.

Depois de combinarmos que as primeiras intervenções em sala de aula seriam com as 8as séries, a professora de história de uma das turmas, antes de nossa entrada em sala, solicitou espontaneamente que os alunos fizessem uma redação sobre o que pensavam acerca da adolescência, possibilitando, desse modo, um ensaio prévio, por parte dos alunos, para uma autoreflexão que seria tematizada por nós em nossa intervenção em sala.

Então, combinamos que utilizaríamos duas aulas para fazermos a intervenção acima, quando na verdade foram necessárias três horas aula, cuja disponibilização foi possível graças à colaboração dos demais professores (obtida depois que fizemos uma ampla exposição do projeto para o conjunto dos professores).

Um comentário muito frequente dos docentes era que havia um número incontável de aulas vagas, motivadas por licenças e pela não substituição dos professores (por falta, inclusive, de interesse dos substitutos em dar uma ou duas aulas no meio do semestre) e que, por isso, não encontraríamos resistências para estendermos as atividades em sala por quantas aulas fossem necessárias. Ficou subtendido, também, que para eles era um alívio (uma vez que os que se encontravam na escola ficavam angustiados, muitas vezes tentando, além de dar suas aulas, pensar em alguma atividade para as demais classes sem professor) e para os alunos, uma forma de preencher seus tempos vazios com alguma atividade.

Mas, aos poucos, foi deixando de ser algo apenas para preencher as lacunas devidas à falta de professor e de ânimo de alunos e professores, para se tornar uma atividade de muito interesse para parte do corpo discente e docente.

Entramos em sala de aula e explicamos aos alunos o sentido do projeto e, após a anuência da classe, propusemos a seguinte atividade:

"Propomos a vocês que façam dois desenhos, sobre os seguintes temas:

1. O que é ser adolescente hoje?
2. Faça um retrato do mundo lá fora x o mundo da escola.

Depois que terminarem os desenhos, faremos uma discussão sobre eles com a classe."

Sugerimos ainda aos alunos que dessem um nome/título aos trabalhos realizados em grupo.

Primeiro encontro com os alunos da 8ª A: de turma bagunceira à expressão crítica da consciência jovem

Esta classe foi indicada por ser considerada a mais difícil. Uma classe que, de acordo com os professores, não trabalhava, era bagunceira, particularmente na presença de um aluno que tendia a dispersar muito a classe.

No primeiro dia da atividade programada com os alunos, foi muito difícil obter a colaboração dos mesmos. Como havia dito aos professores, parecia que não estávamos diante de uma classe, mas sim

O QUE O RAP DIZ E A ESCOLA CONTRADIZ

de grupos separados entre si, sendo que alguns deles pareciam entretidos em um verdadeiro solilóquio.

No final da atividade, até discutimos com os alunos em que medida seria possível fazermos uma "revolução" (pois falavam muito disso naquele momento). Ponderamos que eles tinham razão em reivindicar o direito de ter aulas com bons professores, mas os instigamos a pensar sobre o que é que eles podiam fazer também. E nos disseram: "Respeito, saber escutar!". Algo que eles não estavam conseguindo fazer ali conosco, pois falavam todos ao mesmo tempo e não nos escutavam.

Em todo caso, depois de muito esforço, os grupos foram constituindo-se e começaram a fazer as atividades propostas.

A equipe ponderou que os grupos puderam expressar de maneira um tanto quanto barulhenta o próprio caos em que estavam mergulhados, necessitando, em seguida, interromper e restabelecer o equilíbrio interior no grupo. E que, talvez por isso, tenham interrompido a atividade antes do final da aula.

Na reunião, após essa atividade junto aos professores, alguns deles salientaram que o motivo era claro: estavam sem mãe – uma alusão indireta à falta de presença da diretora na escola –, sentiam-se abandonados, sem professor, uma vez que se tratava de uma classe onde faltavam muitos docentes. Os jovens ficavam sem rumo, sem norte e por isso era-lhes difícil constituírem-se como classe; por fim, salientaram que eles tiveram a oportunidade conosco de expressar tudo o que sentiam e denunciar o caos em que se encontravam.

Entre a primeira e a segunda atividade, a professora responsável pela classe conversou longamente com os alunos no sentido de obter a colaboração para a atividade, deixando-lhes claro que poderiam escolher não participar. Optaram, depois desta conversa, por participar. É certo que, no segundo encontro, estavam bem mais dispostos a trabalhar e realmente o resultado foi muito positivo, no sentido de conseguirem, de algum modo, revelar a nós e a eles mesmos os motivos de tamanha desagregação do grupo.

Vejamos como foi a abordagem dos grupos sobre o tema central: "O que é ser adolescente hoje? Dentro e fora da sala de aula".

Apresentamos a seguir os nomes dos grupos, tal como foram denominados pelos próprios alunos da 8ª A, assim como parte do debate ensejado pelas apresentações de cada um dos trabalhos para suas classes.

Consciência jovem

Este grupo, constituído por quatro meninas (encontrando-se uma delas grávida) e por dois meninos, foi um dos que mais produziu como grupo, dando oportunidade para que todos se expressassem.

No item "O que é ser jovem hoje?", fizeram um desenho bem colorido no qual se destacaram uma bela guitarra em chamas, tendo acima dela a insígnia "Rock" e uma frase dizendo: – "Curta a vida, sem exagero!"; uma Minnie (a namorada do Mickey Mouse) com um grande laço na cabeça, toda alegre, escrevendo em seu diário; um coração ardente (como se estivesse envolto em chamas), com alguns dizeres ao lado: "Nunca cruze os braços para o mundo, pois o maior homem do mundo morreu de braços abertos!" (denotando aí a influência religiosa); "não cruze os braços para o mundo, pois sempre se deve andar com amor no coração" (uma forma de fazer face ao egoísmo e à indiferença reinante no mundo atual, ou mesmo perante a violência). Por fim, desenharam uma borboleta acompanhada de outras em vários estágios de desenvolvimento subindo uma escada, com os dizeres: "Aprender a subir os degraus da vida é ser algo na vida; é pensar no futuro; voar à procura do melhor!" (embora fossem frases eivadas de slogans que apontavam ideologicamente para a importância do esforço de cada um para "subir na vida", demonstravam, a seu modo, a esperança de alcançar um futuro melhor do que a vida até então lhes havia propiciado).

Depois, na discussão do tema "mundo dentro da escola x mundo fora da escola", foram contundentes e sucintos:

No mundo dentro da escola colocaram: "Sem comentários! Lixo!"

No mundo fora da escola, desenharam o globo e em torno dele, uma arma, um spray (para se referir aos grafiteiros) e um garoto fumando algo (maconha?), com "cara de mau" e usando um boné com aba de lado, onde estava escrito: "Elemento".

Chegamos até a discutir se a grafitagem deveria ser vista sempre como algo negativo. Daí alguns disseram que era uma forma de expressão juvenil e também uma forma de aparecer, de ter visibilidade.

Em todo caso, ficamos muito sensibilizados com a falta de perspectiva para esses jovens de acordo com o ponto de vista deles mesmos, uma vez que a escola, para eles, era um lixo e o mundo fora da escola repleto de drogas, violência e bagunça. Pareceu-nos que não lhes sobravam muitas chances para ser alguém na vida, a não ser se apegando fortemente a discursos ideológicos.

Expressão Jovem

Em seu primeiro desenho, haviam representado um índio *Pankararu* e um outro, não índio, "gozando" do primeiro. Depois que os incentivamos a caracterizarem o adolescente a partir da representação do índio, desenharam ao lado dele um garoto não índio, dizendo que ele teria para com o colega *Pankararu* uma relação de amizade. Como esse desenho foi perdido (desapareceu quando tentávamos recolher os desenhos), eles retrataram outro cenário: no mundo dentro da escola, um garoto com uniforme da escola e com uma cara triste. Atrás dele, havia uma série de carteiras vazias, sem alunos. Ao lado dele, para representar o mundo fora da escola, desenharam um garoto com "cara de malandro", fumando e com a insígnia do Corinthians e da torcida do time – os Gaviões da Fiel. Saía da fumaça do cigarro a palavra "Paz"; paradoxalmente, ele "mijava" no emblema do time do São Paulo.

Daí, perguntamos a eles: "Mas vocês tratariam assim um amigo de outro time?"

Ao que responderam: "Aqui em classe somos amigos, mas lá no estádio não dá! Vai ser assim mesmo, com desprezo!"

Esta foi a representação feita pelos meninos do grupo.

Já as meninas procuraram representar o adolescente no mundo de hoje pela escrita, salientando outra ordem de dificuldades, evidenciando a força de vontade para enfrentá-las:

"Ser adolescente no mundo de hoje é uma 'tarefa' muito difícil. Convivemos com tantas coisas, que ficamos confusos em relação a que caminho escolher. Para trilharmos esse caminho e conseguirmos chegar ao final dele, nos deparamos com várias coisas, como: drogas, sexo, preconceito, baladas, amigos, estudos, novas culturas, mercado de trabalho, oportunidades e o mais importante de tudo que nos faz sempre seguir em frente: o desejo e a vontade de viver intensamente. Ser adolescente não é apenas passar pelas provações da vida, é também aproveitar a melhor fase da vida, onde nada é impossível e o céu é o limite!"

Entre os garotos, a oposição entre o mundo da escola e fora da escola era clara, ao mesmo tempo em que denunciavam a falta de opção diante da violência fora da escola, uma vez que não havia aulas (a sala de aula foi representada como um espaço vazio, sem alunos). Já entre as garotas, havia uma sombra que recaia sobre a adolescente, cujo universo foi representado como um mundo confuso, cheio de opções que parecia deixá-las aturdidas, mas também observavam o lado das provações da vida. Para fugir disso, exaltavam uma vida sem limites.

Jovens e seus direitos

Neste grupo havia uma desenhista muito boa, a quem atribuíram a tarefa de realizar a parte gráfica.

De um lado, desenharam uma jovem grávida, com os braços sobre a barriga, que parecia esconder a gravidez. De outro, alunos em sala de aula atirando papel em direção à professora que estava sentada na frente da classe.

Quando comentamos sobre a gravidez, discretamente levantaram os problemas de engravidar precocemente. Mas logo se calaram, uma vez que havia na classe um caso de gravidez. (Depois, comentando com os professores sobre esse episódio, uma das professoras nos disse que o fato de se recusarem a se estender sobre o assunto foi antes de tudo uma atitude de respeito pela garota grávida).

No outro quadro, desenharam um casal de namorados para representar "O que é ser jovem hoje", acompanhado de frases como esta: "Adolescente hoje em dia é sair para se divertir, com os amigos, com a família, com o namorado. É também dormir, assistir televisão, ficar se possível a metade do dia em frente ao computador e a outra metade, dormindo, e também em frente à TV".

Ou seja, hibernando, sem ter o que fazer... sem incluir nenhuma leitura ou qualquer programa cultural em que pudessem ter um papel mais ativo.

Depois acrescentaram reflexões sobre o que era ser jovem, copiando alguns pensamentos tirados da internet (que foi logo denunciado pelos outros grupos). Dentre esses dizeres, o que mais chamou a atenção foi, de um lado, o fato de terem ressaltado a falta de credibilidade conferida ao jovem; de outro, o apelo para que fossem vistos e escutados em suas necessidades.

A guerra

O nome desse grupo foi atribuído ao fato de dois jovens que dele faziam parte terem se agredido recentemente. No começo, sequer queriam trabalhar juntos, um deles que morava no conjunto habitacional Cingapura ficou muito tempo desenhando o conjunto sem dar chance para que os outros participassem. Mas, depois que insistimos que deveria ser um trabalho de todo o grupo, ele deu lugar ao garoto de quem dizia ser "inimigo". Este, um garoto forte, morador da favela, pôs-se a desenhar os barracos desta. Um desenho muito bonito, que parecia um quadro modernista. Na frente da comunidade, fizeram um campinho de futebol e uma rua que separava o condomínio por onde passava um caminhãozinho de reciclagem (em alusão à preservação ecológica que também gerava trabalho na comunidade). Isso tudo para retratar o mundo fora da escola. Houve quem sugerisse que desenhassem os prédios ricos do Morumbi, mas imediatamente todos se opuseram. Também não desenharam a escola na vizinhança.

O mundo dentro da escola consistiu em um grande quadro negro vazio, a mesa do docente e uma professora lá na frente. Mas, o interessante é que não havia alunos. Ou seja, onde não havia professores, ou melhor, professores que lhes oferecesse um conteúdo significativo, não existia alunos também.

Adolescentes e seus pensamentos

Desenharam um belo vaso de flores no centro da cartolina e nos cantos, algumas flores e borboletas. Era um grupo de meninas e um garoto. Pareciam querer expressar o feminino.

No outro desenho, no mundo da escola, desenharam uma garota de maria-chiquinha, bem comportada, sentada na cadeira escolar e com um coração desenhado na camiseta. O mundo fora da escola foi representado por uma garota que parecia muito feliz, com um coração desenhado na camiseta recebendo um vaso de flores do amado, que estava ajoelhado aos seus pés.

Para expressarem "O que é ser adolescente hoje?", escreveram o seguinte:

"Ser adolescente é construir o futuro de amanhã! E também curtir muitas baladas. Ser adolescente é um pouco de cada, fazer arte, brincar, estudar também faz parte, sair, querer ser independente, querer apressar as coisas, ter ansiedade para ser alguém na vida. Querer desvendar o futuro, saber tudo, curiosidade, aparecer (no sentido de ter visibilidade) até porque somos adolescentes e gostaríamos de um dia por em prática tudo o que aprendemos na adolescência".

Chamou a atenção o fato de se apresentarem um tanto quanto infantis nos desenhos, embora, na escrita, fossem capazes de pensar sobre coisas essenciais para o adolescente: como a necessidade de apressar as coisas e a ansiedade de ser alguém na vida, além de pensarem sobre o papel que poderiam exercer na construção do futuro da sociedade. Não se pode esquecer que nesse grupo havia uma garota que teria feito um aborto na 5ª série, o que pode explicar a ênfase na ideia de "querer apressar tudo".

Grupo Revolução

Neste grupo reuniram-se os jovens contestadores. Uma garota que estava de namoro com um deles ficou responsável por escrever o que diziam, também por ter maior domínio da escrita. Chamou-nos a atenção um garoto que falava sem parar, emendando na mesma frase palavras desconexas, que de algum modo expressavam revolta em meio a slogans repetidos (um atrás do outro) de anúncios de TV. Mas, mesmo diante dessa diversidade, fizeram com o nosso apoio inicialmente um belo desenho de dois jovens enamorados, modernos, imitando uma caricatura, um olhando para o outro, com os seguintes dizeres, para exprimir o que é ser adolescente hoje: "Ser responsável, ter estilo, ter liberdade, atitude, liberdade de expressão, direitos e deveres, ser respeitado, diversão, ser escultado (escutado). Quanto à escola, escreveram inicialmente: "Sem comentários", em letras bem grandes.

Depois acrescentaram uma série de reivindicações em torno de uma escola de melhor qualidade. Com o auxílio dos adultos e da garota que gostava de escrever (ou melhor, pelo fato de conseguir fazer por eles), escreveram o que se segue.

O que está certo e errado na escola

"Precisamos de professores mais qualificados; professores substitutos para todas as aulas; tratamento adequado (para os alunos); direito de expressão para os alunos; queremos saber para onde vai a verba da escola [estavam referindo-se à verba da APM, pois achavam que a escola estava mal conservada; aliás alguns professores reiteraram: 'Nós também!']; uma participação maior da Direção na vida da escola, com os alunos [pois achavam que a diretora era ausente, e quando aparecia era para dar bronca!]; tempo maior de intervalo [15 minutos não dava para comer nem conversar]; "melhores explicações" para as atividades [pois os professores davam tarefas sem explicá-las e depois exigiam resultados e brigavam com eles, quando não os obtinham]. Por fim escreveram: "Também temos professores muito bons!"

Terceiro e último encontro em sala de aula com os alunos da 8ª A – da denúncia do abandono dos órgãos públicos à exigência de participação no Conselho da Escola

Neste dia, enquanto expúnhamos a eles os principais pontos levantados em suas produções, fizeram uma grande algazarra na classe. Pareciam nada querer escutar, principalmente sobre questões relativas ao modo como se representavam enquanto adolescentes. Mas, no momento em que entrou a coordenadora do período, que se dispôs a esclarecer cada uma das questões apontadas por eles como falhas da escola, colocando-se como alguém que estava ali para responder pela instituição, todos ficaram quietos e muito atentos. Não se convenceram de todas as respostas dadas, mas, no mínimo, sentiram-se escutados. Ao esclarecimento dado de que a verba da APM era submetida a um controle público e que as prioridades de investimento eram decididas pelo Conselho da Escola, do qual inclusive eles, enquanto alunos tinham o direito de participar, logo contestaram dizendo que embora tenham elegido um representante, um dos membros do Conselho lhes disse que apenas "tal pessoa" teria o direito de participar. Então a coordenadora esclareceu que apenas um teria o direito ao voto, mas que todos os representantes de sala tinham o direito de participar da reunião.

Outra questão muito enfatizada foi que uma pessoa que devia estar ali presente era a diretora, que, aliás, se encontrava bastante ausente da vida da escola. A coordenadora explicou que a diretora ganhava por oito horas e que ela distribuía seu horário nos períodos da manhã e da noite.

Acontece que a diretora parecia estar realmente ausente da escola, pois vinha pouco pela manhã, e quando estava presente, raramente percorria a escola e depois à noite, como grande parte das turmas fora extinta, sua ausência sequer era notada.

Ou seja, os jovens estavam apontando questões nodais e estruturais daquela escola que pareciam agravar os problemas enfrentados por eles relativos à falta de professores para lhes ensinar.

Retomamos, ainda, algumas questões de gênero que apareceram: enquanto as meninas pareciam exaltar o amor romântico, os garotos salientavam as ideias de ter "estilo e atitude" (no sentido de saber tomar posição, com personalidade). Perguntamos a eles se não poderia haver um garoto romântico e uma garota que soubesse ter atitude. Como a algazarra recomeçasse, uma vez que estávamos comentando algo mais diretamente ligado a eles, tivemos que nos deslocar pela classe para ouvir o que diziam; de outro lado, uma das professoras que procurou ficar no fundo mais perto dos alunos, dizia em voz alta o que escutava lá atrás e assim pudemos estabelecer algum diálogo com os alunos. Uma das questões apontadas pelos meninos foi que garoto romântico era "corno"; ao que retrucou uma garota: "Isso é puro machismo, pois já tive namorado romântico e foi muito legal!"

Enfim, esse debate ficou pairando no ar: sobre o que seria próprio do homem ou da mulher, do amor feminino e do masculino e de quão frequentemente assumiam atitudes preconceituosas a esse respeito.

Antes de concluir a atividade, indagamos a classe sobre as culturas juvenis, os tipos de música de que mais gostavam. Disseram inicialmente em tom de brincadeira que gostavam de música brega (romântica, sentimentalista) e ficavam imitando Caubi Peixoto etc. Depois, que ainda gostavam de samba-rock (que vinha substituindo o forró), de rap, break, black, música techno, funk etc.

Nesse momento, perguntamos a eles se seria possível combinar criatividade, contestação, estudos e escola. Eles logo responderam, em tom de gozação: "Vamos fazer um forró nos corredores, ou um baile funk", como haviam feito no final de semana na ONG Casulo.

Procuramos esclarecer o que queríamos dizer, comentando a propósito do caráter contestador e formativo do rap, indagando-lhes se algo semelhante não poderia ocorrer nos estudos, na escola. Nesse momento, a coordenadora salientou que havia o projeto Educom,[1] um programa de rádio que era coordenado por um professor no período da tarde, por meio do qual os alunos tinham a oportunidade de se manifestar (ocorre que esse professor saiu da escola e o projeto foi interrompido).

Terminamos a atividade dizendo-lhes que apesar de já estarem no seu último ano naquela escola, tudo o que estavam denunciando/expressando serviria para as próximas turmas, mas que pretendíamos devolver esses resultados até o final do ano para o conjunto dos alunos, professores e comunidade.

Por fim, sustentamos que ainda era possível que fizessem algo por eles mesmos, como programar a formatura (que era desejada por todos). Como a coordenadora salientou que eles poderiam se organizar como as turmas da tarde haviam feito sem depender dos professores, interviemos, dizendo-lhe que a situação deles não era igual ao do pessoal da tarde, uma vez que estavam muito desamparados, sem aulas, sem referências do mundo adulto, ou seja, abandonados a si mesmos. E que por isso era fundamental que os adultos os auxiliassem. Logo depois, os alunos rodearam-na para "bolar" (programar) como fariam para arrecadar dinheiro para a formatura. Um movimento, aliás, que começou a se espalhar por todas as 8ª séries.

Quando apresentamos aos professores da tarde o que a classe havia decidido, relatando-lhes sobre o caos inicial e a mudança de atitude dos alunos, salientando como a partir do momento em que

---

1 Educomunicação, programa de rádio criado pela ECA-USP em parceria com escolas públicas.

se viram escutados, aquietaram-se e se organizaram enquanto grupo, como classe, ficou claro para todos como não era possível perpetuar uma situação como aquela, deixando os alunos ao léu, sem aulas. Uma situação que penalizava inclusive os professores que queriam dar aulas, uma vez que isso significava abandono por parte da escola e até mesmo uma forma de "desresponsabilização" do mundo adulto, dos órgãos públicos para com a infância e a adolescência. E o pior, a cada vez que os encontravam nesse estado de abandono, era quase impossível fazerem-se escutar por eles.

O primeiro encontro com a 8ª série B – Nada a sério ou muito sério cedo demais?

De início, os grupos, na sua maioria, estavam pouco à vontade para desenhar e demoraram muito tempo para conseguir pensar em algo. Para que isso ocorresse, foi preciso que todos nós, pesquisadores e professores, passássemos pelos grupos incentivando-os a discutir o que pensavam acerca dos temas sugeridos e, aos poucos, pudessem representar suas ideias por meio do desenho, sem se preocupar se estavam certos ou errados.

Só começaram a fazê-lo depois de meia hora de ensaios, conversas e muita vergonha e inibição. Mas, depois que entenderam que todos apresentariam seus trabalhos para a classe, logo começaram a se empenhar e a "dar o melhor de si". Sugeriram, inclusive, que deveríamos organizar uma exposição de seus desenhos da sala.

Para se ter uma ideia do que saiu dos grupos, faremos uma síntese do que foi apresentado por cada um deles. É preciso observar que cada um dos grupos deu uma denominação ao trabalho apresentado, refletindo a imagem que faziam de si ou que sonhavam para si.

Eis como se autodenominaram os grupos para discutir o tema proposto.

As Big Brothers

Era um grupo formado somente por garotas.

Disseram que ser adolescente significava curtir tudo o que havia de bom na vida. Por isso desenharam uma balada toda estrelada e colorida, à qual deram o nome de "Noite boa!!!", com casais se abraçando e se beijando.

Curtir a vida, para elas, significava "todo mundo se divertir um pouco, sem se preocupar com a opinião dos outros; arranjar um parceirinho, dançar, dar beijinhos".

Quanto "ao mundo da escola x o mundo lá fora", fizeram uma oposição bem demarcada pela divisão entre o bem e o mal.

À escola, representada no desenho por um prédio sólido, associaram a ideia de que era "outra opção dos adolescentes para tentar concretizar um futuro melhor, coisa que alguns adolescentes não pensam".

Já o mundo lá fora foi representado inicialmente por uma letra de música de Bob Marley: "A vida é baseada num grande baseado. Quando morrer, quero ser cremado para que minhas cinzas alimentem as ervas e as ervas alimentem os loucos como eu".

Como os adultos ali presentes pertencessem a outra geração, que via Bob Marley como um músico de protesto, perguntamos a eles como interpretavam aquela letra. E nos responderam que era um convite ao consumo das drogas.

Desenharam ainda um adolescente com um boné com a inscrição Hip Hop e com um "baseado" na boca, acompanhada desta frase: "Uma grande parte dos adolescentes têm a opção de viver no mundo das drogas!"

Por fim, escreveram uma poesia sobre as drogas:

Destroem

Rapidamente

Onde

Garotos e garotas

Adormecem para

Sempre

Promovemos um debate sobre o assunto, propondo a seguinte indagação: "Ser usuário de drogas era uma opção?", ao que nos responderam um veemente "sim". Uma vez que, segundo eles, "bastaria dizer não, pois um adolescente entre 15 e 16 anos sabia sim o que devia e o que não devia fazer".

(Pensamos que diante de um mundo tão ameaçador quanto tentador, era preciso ser muito forte o "não" para poder resistir! Daí, aderirem tão firmemente ao discurso doutrinário de combate às drogas).

Five Girls

Era composto por cinco garotas que desenharam o seguinte:

Uma garota charmosa com a barriguinha de fora fumando e ao lado dela um símbolo proibindo o consumo do cigarro. Disseram na apresentação que fazia mal fumar desde cedo e que podia levar a outras drogas.

Como nos pareceu um discurso um tanto quanto reprodutor das falas dos adultos lhes perguntamos:

"Existe algo na vida do adolescente que não é droga?"

E nos responderam:

"Ah! Estudar, beijar, curtir a vida e uma boa amizade..."

Depois desenharam um adolescente matando um mendigo com os seguintes dizeres: "Não maltrate os 'mendigo'. Você não sabe o dia de amanhã!" (Parecia estar presente, nesta fala, também uma percepção do limite muito tênue entre os incluídos e os excluídos; resultando em um misto de solidariedade e a necessidade de autopreservação).

Perguntamos ao grupo onde estava a escola no meio disto tudo, uma vez que não haviam abordado o tema no desenho.

Alguns denunciaram que muitos adolescentes agrediam o professor, mas outros logo protestaram, dizendo que muitas vezes o aluno agredia o professor (enfatizaram muito que era só verbalmente) porque o professor queria sempre estar com a razão. "O professor não quer deixar que os alunos expressem o que pensam, e como o aluno não quer ser sempre o 'errado' acaba agredindo o professor", completou um deles (Agressão que parecia tomar o lugar da argumentação, talvez como forma de se protegerem da ameaça à identidade do jovem e às suas tentativas de se diferenciar do mundo adulto, expressando suas próprias opiniões).

Como havia alguns professores observando, sentimos que os alunos estavam com medo de dizer exatamente o que pensavam; por isso insistimos para que dissessem o que realmente achavam da situação, pois os professores que estavam presentes não estavam ali para julgá-los.

Nada a sério

Diferentemente dos outros grupos, havia meninos e meninas no grupo dispondo-se a fazer um trabalho conjunto.

Perguntamos a eles o que queriam dizer com esse nome e nos responderam que queriam expressar que vários adolescentes não levavam nada a sério, mas tudo na brincadeira.

As adolescentes protestaram dizendo que os meninos podiam ser assim, mas que as meninas eram responsáveis. Por exemplo, no namoro enquanto os meninos só queriam "ficar", as meninas preferiam namorar. Mas outras garotas contestaram essa ideia dizendo que havia muitas meninas que preferiam ficar para curtir e só mais tarde namorar.

Uma professora lhes perguntou o que era exatamente ficar? Um pouco constrangida com a pergunta, uma garota respondeu que "tudo dependia da idade!".

Desenharam inicialmente uma garota com cara de menina carregando um bebê no colo. Era um quarto cheio de bonecas e bichinhos de pelúcia. Ao lado escreveram: "Se previna! Use camisinha!". Disseram que queriam expressar com isso que era muito complicado engravidar na adolescência, uma vez que uma jovem de 13 a 17 anos sequer havia vivido o suficiente para assumir tal responsabilidade. "Daí acaba resultando: uma criança cuidando de outra", disse uma delas.

Algumas jovens protestaram e disseram que havia muita adolescente bem mais responsável com seus filhos do que alguns adultos.

Observe-se a esse respeito que alguns professores já haviam nos dito que muitos alunos assumiam responsabilidades desde muito cedo chegando a ponto de preferir vir à escola a ficar em casa e ser obrigado a cuidar da casa e dos irmãos.

Sem entender o que a adolescente queria dizer, um professor lhe perguntou se achava que era um ato responsável engravidar tão cedo em suas vidas.

Interviemos nesse momento, com receio que recaíssemos em uma conversa de caráter moralizador para fazê-los refletir sobre a complexidade do problema:

"Acho que o que ela está dizendo é que não depende tanto da idade ser responsável. Ao mesmo tempo, estão denunciando que existem adultos que cuidam mal de seus filhos enquanto que há adolescentes que cumprem muito bem o papel de pais!". Sobre esse ponto houve divergências, pois disseram que: "as meninas, podia ser que assumissem sua responsabilidade, mas que isso não acontecia com os meninos".

Depois, comentamos sobre o que haviam desenhado como sendo o mundo na escola e fora da escola:

Dentro da escola: desenharam a professora na frente ensinando o bê-a-bá na lousa e os alunos sentados nas carteiras assistindo a aula;

Fora da escola: desenharam um garoto de cara enfezada, com inscrições no chapéu e na camiseta, de óculos e cigarro na boca; escreveram ainda em cima de uma porta: "Boca" e ao lado, "erva".

Disseram que dentro da escola era um lugar onde se ia para estudar com regras para serem cumpridas; já lá fora, a pessoa ficava mais livre para fazer o que quisesse.

O desenho do garoto ao lado da "Boca" era "O Noia" – aquele sujeito que na escola é comportado, mas lá fora é arrastado pelas amizades e vai para o mundo das drogas. Outros foram categóricos: "Nem sempre o adolescente vai arrastado! Ele vai por que quer!"

Daí, os indagamos: "E o adolescente de 15 anos sabe o que quer? Tem ele condições de saber o que quer?"

A esse respeito a classe ficou bem dividida.

Adolescentes em crise

Nesse grupo havia quatro garotas e um menino. Este discordou veementemente que a adolescência estivesse em crise e observou: – "Só se isso for para as meninas!", porque para ele não era nada disso.

Uma menina desenhou um casal de namorados abraçados com os seguintes dizeres: "Muitos adolescentes têm uma vida sexual… HIV positivo… e muitos pais não aceitam a gravidez". Do outro lado do desenho, escreveram que o adolescente tinha que ter mais consciência do que fazia. Como se a responsabilidade tivesse que vir antes mesmo de se experimentar o que é o amor. (Eis o legado deixado para esta geração, cuja liberalidade nos costumes não se faz sem correr riscos).

Esse grupo elaborou um texto ressaltando que a crise da adolescência era meio chata porque não gostavam de seguir regras... e que a crise era um tipo de rebeldia. Que todos tinham com os pais e professores! "Tem também tudo que acontece com nossos hormônios quando o jovem começa a se transformar...", acrescentaram. "Um exemplo disso é quando a adolescente começa a namorar e não ouve os pais, engravida e daí já é tarde demais!", comentaram em seguida.

Quer dizer que ,na rua, os adolescentes encontravam-se sujeitos ao consumo de drogas e muitos outros perigos. E, na escola, tinham que aceitar muitas regras que eles não gostavam, mas que eram obrigados a cumprir.

O outro garoto desenhou um grande prédio de classe média ao lado de um motel. Em frente ao prédio um lugar para dançar. No meio, uma escola e em frente à escola uma garota "dondoca" (estilo pequeno-burguês). Do outro lado da escola, desenharam uma favela toda amontoada em um declive.

Foi um desenho que permitiu uma discussão acalorada a respeito das diferenças de classe no bairro que eram mais gritantes por lá, como foi dito, uma vez que moravam em uma favela, ou mesmo nos prédios do Cingapura, que apresentavam uma construção muito simples em comparação com os prédios luxuosos de um dos bairros mais ricos da cidade.

E que a escola ficava no meio entre o que denominavam "classe A", a classe rica e a pobre, que morava na favela. Disseram ainda que praticamente o único lugar de festa era o Casulo (ONG).

Alguns disseram que na escola, pelo menos, não havia distinção de classes, pois todos, fossem ricos ou pobres, poderiam estudar juntos. Outro garoto disse que isso não era verdade (ele era filho de zelador e via as diferenças entre as classes mais de perto), pois os ricos não colocavam seus filhos em "escola de pobre".

Nesse momento fizemos o seguinte comentário: "Mas por que se diz classe A para a classe rica?" Ao que responderam: "Porque têm mais benefícios!" Insistimos mais uma vez: "Quem é que disse que a escola pública é a escola dos pobres? Pois a escola pública deveria ser para todos, embora não o seja em nosso país!".

Alguns professores salientaram que a escola tinha um papel fundamental para que eles pudessem ser alguém na vida, mas muitos contestaram dizendo que só estudar não adiantava, era preciso ter boas oportunidades.

Uma professora chegou a sugerir que enquanto os prédios da classe A eram sólidos, a favela parecia frágil, suspensa no ar.

Com esse grupo, ficou claro que a escola não estava sendo suficiente para prepará-los para o mercado de trabalho, ou mesmo para serem "alguém na vida", embora ainda lhe dessem algum crédito, ao considerarem a escola um ambiente mais protegido do que se ficassem na rua.

Depois, quando tivemos a reunião com os professores, salientamos que deveríamos tomar cuidado para não os responsabilizar por uma situação de exclusão, tal como poderia sugerir o comentário de que os prédios da classe média eram sólidos enquanto a favela ficava "suspensa no ar".

Adolescente Nativa

Era um grupo constituído somente por garotos. Nele havia muitos desenhistas: um que se destacava por fazer os nomes das pessoas muito bem desenhados. A ele coube escrever o nome do grupo. Outro garoto miudinho, de óculos, destacava-se por saber desenhar muito bem as situações do cotidiano. Ela fez os esboços e depois fez o desenho definitivo, uma vez que os outros ficaram com receio de se arriscar (a se expressar).

Representaram o mundo da escola como o mundo do estudo: com os alunos sentados nas carteiras olhando para a lousa. Já fora da escola era o mundo de divertimento e de liberdade: um garoto empinando uma bicicleta.

Desenharam ainda um show que teria havido no Casulo de rap, break e pagode.

Alguém destacou que um garoto do grupo era ótimo para cantar e que outro dançava muito bem. O pessoal da classe pediu a eles que fizessem uma apresentação. Eles conversaram muito entre si, mas ficaram com vergonha.

Um professor observou que achava engraçado como eles escondidos entre si ficavam fazendo piadinhas, mas, quando era a vez de expressarem em voz alta o que pensavam, ficavam com vergonha.

Interferimos dizendo que entendíamos o retraimento deles, pois talvez ficassem envergonhados de se expor perante os adultos e que lá na frente era ainda mais complicado.

Por fim, disseram que o nome "Adolescente Nativa" era porque se devia ficar "ligado" no que acontecia à sua volta: o movimento na favela; as festas na comunidade ou as baladinhas no Casulo.

Percebemos que ali estávamos não apenas conhecendo o que pensavam os jovens, mas fazendo com que os professores conhecessem seus alunos e ao mesmo tempo auxiliando-os a lidar com eles sem recorrer necessariamente a lições de moral ou assumindo atitudes preconceituosas, ou mesmo invasivas.

Luxúria

Fizeram um desenho muito expressivo, cuja temática foi abordada de um modo um tanto quanto assustador pela falta de perspectivas nele implícita para os jovens da periferia:

Sobre "o que é ser adolescente hoje", disseram o seguinte: "Não existe mais adolescência...". O desenho era de uma garota bonita grávida chorando e um garoto com arma no bolso e a inscrição "Eu sou mais eu" na camiseta.

Dentre os comentários feitos pelo grupo, chamou-nos a atenção a ideia de que uma adolescente (que era ainda uma criança), quando engravida torna-se uma "criança cuidando de outra criança". "Muitas vezes ela é posta na rua pelos pais e é abandonada pelo garoto. Por isso, dissemos que não existe mais adolescência!", salientaram em seguida.

Houve uma gritaria geral. Chegaram a dizer que os garotos iam para o mundo do crime quando engravidavam uma garota, talvez como uma forma de ter acesso mais rápido ao "ganha-pão".

Ficou no ar se este seria o único jeito de um garoto pobre assumir a responsabilidade de "pai de família".

Mundo na escola x mundo fora da escola

O primeiro desenho apresentava algumas crianças dispersas no espaço da sala de aula atirando papel uns nos outros e o professor lá na frente, diante de um quadro negro onde estava inscrito: "Lugar de criança é na escola!"

No outro desenho havia uma criança no semáforo, com roupas rotas e fazendo uma apresentação com bolinhas no ar para pedir dinheiro. Acima do desenho, escreveram o seguinte: "Hoje eu ouvi dizer que sou a esperança, mas não sei do quê, se ninguém me vê como criança!".

Disseram que na escola existiam alunos que atrapalhavam a aula e professores que não tinha prazer de trabalhar nessas condições.

E acrescentaram: "Colocamos um trecho de uma música de Sandy & Junior para dizer que existem crianças trabalhando para sustentar a família e alguns adolescentes, roubando!".

Ou seja, evidenciaram em poucas palavras as contradições que permeavam a infância e adolescência da população pobre: crianças na escola sem aprender muito e outras sendo obrigadas, cedo em suas vidas, a ganhar o sustento da família.

Depois de uma análise detida dos dados obtidos, fizemos uma síntese, que foi apresentada à classe no encontro seguinte. Pensamos nas seguintes questões que faríamos a eles:

- Quais são as necessidades dos jovens que a escola deveria atender?
- Qual a relação entre respeito, aprendizado e confiança?
- É possível rebelar-se, ter criatividade e, ao mesmo tempo, ter disciplina?
- A escola precisa mudar?
- E os jovens? Em que aspectos?

Segundo encontro com os alunos da 8ª série B – Nós precisamos que os professores confiem em nós…para que ganhemos autoconfiança

No começo, foi um pouco confuso, pois havíamos trazido as sínteses dos trabalhos deles impressas em um papel muito pequeno, o que nos obrigou rapidamente a encontrar outra solução. Escrevemos a caneta, em letras maiores, em um papel que pudesse ser afixado na lousa. Como havíamos solicitado aos alunos que dispusessem as cadeiras em círculo, ficaram olhando curiosos sobre o que havíamos escrito sobre suas produções. Quando conseguimos afixar a síntese do que haviam produzido no encontro anterior, olharam atentamente para a lousa. Em

O QUE O RAP DIZ E A ESCOLA CONTRADIZ

um primeiro momento lemos a síntese para a classe, para em seguida pedir a eles que fizessem um comentário sobre o que estava escrito. Ficaram completamente calados, quando a professora de História veio em nosso socorro e disse: "Mônica, assim eles ficam perdidos. Talvez se você fosse percorrendo questão por questão fosse melhor!".

Então resolvemos abordar inicialmente as questões relativas ao que era ser adolescente, cuja discussão tomou toda a primeira parte do tempo (eram duas horas-aula antes do intervalo): sobre essa questão de curtir o que era bom e não levar nada a sério, disseram que dependia muito de cada um, pois tomar o mau caminho era uma opção para alguns e não para todos.

Sobre este ponto, conversamos sobre em que medida engravidar na adolescência, em alguns casos, podia ser uma forma de a menina provar que seria capaz de cuidar melhor de uma criança do que muitos adultos o faziam. Mas que desse modo, acabavam abreviando sua adolescência. Sobre a droga, o "tiro saia pela culatra", porque o sujeito queria tornar-se independente muito cedo e acabava encaminhando-se para o tráfico. Com isso, acabava se "enroscando", ao entrar no campo da ilegalidade, quando não, arriscando a própria vida.

Sobre ser autônomo e não escutar os mais velhos (pais e professores) – eles disseram que o problema era que os pais, muitas vezes, não queriam nem conversar sobre assuntos-tabus, mas que os jovens precisavam de orientação e, para isso, precisavam ser escutados, tanto pela família, quanto pela escola. Comentamos que os pais pareciam ter dificuldades em admitir que seus filhos cresceram e que, talvez por isso, fosse-lhes tão difícil discutir sobre a questão da sexualidade com seus filhos.

Depois, ao discutirmos o tema "mundo na escola x mundo fora da escola", quando o assunto foi estudar para ser alguém na vida, uma das garotas disse com muita propriedade: "A escola auxilia, mas não garante tudo, pois ela não nos vai dar emprego e casa para morar".

A esse respeito, assinalamos o seguinte: "Isso mesmo, pois tem algumas coisas que não dependem da escola, mas das políticas do governo e também das iniciativas e oportunidades oferecidas a cada um!"

Depois de discutirmos amplamente sobre a necessidade ou não do uniforme, muitos deles se posicionaram criticamente em relação à obrigatoriedade de seu uso, sobretudo na adolescência, uma fase da vida em que se quer ter maior autonomia e, enfim, ter o direito de se recriar a seu modo, incluindo a escolha da vestimenta. E o mais importante, que queriam assim ter respeitabilidade, sem necessidade de se vestir com uma indumentária oficial de estudante.

Outra professora levantou uma questão essencial, que não estava sendo considerada pelos alunos: "Vocês não estão vendo que uma criança pobre vê no uniforme uma forma digna de vir à escola! É o que garante que a escola não faça diferença entre ricos e pobres!"

Nesse momento interrompemos para o intervalo e quando voltamos, para nossa surpresa, os alunos já estavam todos lá, sentados e muito atentos. Pareciam querer continuar a discussão. Falamos ainda de aceitar ou não as regras da escola, da escola de ricos e pobres. Daí lhes perguntamos: "E afinal a escola pública deve servir a quem?". Foram unânimes em dizer: "A todos, ora!"

Em outro momento, disseram que os professores nunca admitiam estar errados. Um dos professores lhes perguntou se eles admitiam ser possível o professor errar. Eles disseram que sim, mas que era o professor que não aceitava.

Nesse momento, lhes perguntamos: "Mas como deve proceder um professor quando ele está errado?". Demos como exemplo o que havia ocorrido ali mesmo, ao mesmo tempo em que, assim, oferecíamos um outro modelo para professores e alunos, que não fosse pautado pela oposição rígida entre certo/verdade, de um lado, e errado/inverdade, de outro:

"Vejam bem, quando entramos na sala hoje de vocês e lhes trouxemos todas aquelas sínteses de seus trabalhos, e lhes pedimos: 'Comentem sobre as principais questões levantadas. Mas, todos ficaram calados'. E foi graças à Prof.ª M. que nos disse baixinho: 'Mônica, eles estão perdidos! É muita coisa, de uma só vez!' Ponderamos que realmente não era justo, pois havíamos ficado uma semana pensando no que vocês produziram e trouxemos aqui nossa síntese. Só que vocês só tiveram a oportunidade de ver tudo aquilo naquele momento, de uma só vez, e precisavam de um tempo para amadurecer suas ideias sobre o exposto. Então, mudamos de estratégia, percorrendo item por item. E daí deu certo. Mas, para isso, foi preciso que admitíssemos o nosso erro!"

Por fim, lhes perguntamos se havia alguma relação entre respeito, aprendizado e confiança. "Sim", respondeu uma das garotas. "Nós precisamos que os professores confiem em nós!"

Os professores ficaram estarrecidos com a resposta, olhando uns para os outros, uma vez que a pergunta foi feita no sentido de investigar quão importante era o aluno ter confiança no professor e ter respeito por ele, mas os alunos pareciam sugerir que, para isso ocorrer, seria preciso antes de tudo que os professores confiassem neles, nos alunos, em seus recursos, inclusive para que eles confiassem em si próprios.

Sobre o que a escola deveria mudar, não sabiam dizer muito bem que tipo de mudança seria necessária, talvez porque já tivessem insistido em vários pontos falhos. Depois, quando lhes fizemos a pergunta sobre se os jovens deviam mudar, alguns mais irreverentes disseram: "Mas se os jovens estão sempre mudando!" Daí outros, jogaram a bola de volta para os adultos: "Mas essa resposta queremos ter dos professores!"

E foi muito interessante a reviravolta provocada pelos alunos em nossas questões, pois, com isso, desarmaram os professores e estes deram seus votos de felicidade para os alunos, desejando-lhes que tudo de bom pudesse acontecer com eles, desejando que todos alcançassem seus objetivos. Uma das professoras fez um depoimento muito sensível, quando disse ser da mesma origem deles e por isso sabia como a luta não era fácil. Por fim, "entramos no clima" e lhes dissemos que também para nós, como professores e estudantes de uma universidade pública, era muito bom estar ali com eles colaborando para que a escola pública fosse a melhor possível e que eles não podiam desistir de estudar e de lutar, para aproveitar as oportunidades que estavam sendo oferecidas para se entrar em uma universidade pública, como, por exemplo, o cursinho, as taxas gratuitas de inscrição no vestibular etc.

Comprometemo-nos com eles que seus desenhos seriam expostos, todos juntos, com as das demais classes. Embora tivéssemos proposto que o fizessem naquele momento, logo uma professora se opôs. O que me deu a entender que poderia criar uma confusão, diante do imperativo da escola: *"Há que ter ordem!"* (questão que só ficou clara nos contratempos que tivemos no final do ano, quando programamos as apresentações dos trabalhos dos alunos).

Uma síntese dos encontros em sala de aula com os alunos da 8ª C — *Realidade, não fantasia!*

Como a classe já havia sido preparada por duas professoras da equipe, os alunos foram logo se dividindo em grupos e se preparando para realizar a atividade. As garotas da frente preferiram se expressar pela escrita, os garotos de trás, pela música (um deles chegou mesmo a preparar uma letra de rap) e outros se puseram a desenhar. Aliás, os que sabiam desenhar melhor eram requisitados inclusive por outros grupos.

Dentre os trabalhos desenvolvidos pelos grupos dessa classe, predominaram descrições sobre as precárias condições em que viviam. Ao mesmo tempo em que a escola ocupava um grande espaço em suas vidas, ela era valorizada, sobretudo, como local de socialização e de lazer. Não podemos esquecer que não havia muitos lugares onde pudessem praticar esportes ou mesmo divertir-se no bairro, ficando confinados no espaço onde moravam, uma vez que se viam impedidos de circular entre os condomínios de luxo da região.

Gostaríamos de destacar a produção de um dos grupos, por ter sido marcante sua apresentação, que acabou até mesmo definindo o rumo de nossas pesquisas posteriores.

Elementos

Era o grupo tido como o mais "bangunceiro" da classe e talvez um dos mais criativos e irreverentes. Como terminaram muito cedo, pedimos a eles que treinassem o rap para apresentar à classe.

Um deles pintou uma folha com os dizeres: "Diga não ao crime, diga não às drogas, diga não às armas e diga sim ao Brasil". (Parecia tomar para si a responsabilidade pelo país e pelo futuro dos jovens.)

No outro cartaz, fizeram um apelo à paz: "Nóis, jovens, lutamos por um mundo mais livre; uma sociedade com mais valor e respeito, um incentivo ao que é bom: com mais emprego que terá como resultado um mundo sem crimes e drogas".

Depois escreveram a letra do rap do grupo:

Um salve para os manos, vacilo jamais
Saiba que o vacilo é a porta da morte
Muitos entram por ela, mas poucos têm sorte

Os tempos passam, os dias vêm
A pobreza aumenta, a corrupção também
A vida sempre nos surpreende
Mas quem é guerreiro nunca se rende
Gosto de respeitar e ser respeitado
Meu negócio é ser firmeza e não ser embaçado
100% rap sempre no esquema
Rap é minha alma, sempre foi o nosso tema

Como fizessem muito barulho, solicitamos a eles que apresentassem um rap mais breve e logo gritaram "PCC!". Disseram depois, que não era o grupo conhecido como o Primeiro Comando da Capital, e sim o Primeiro Comando das Classes.

É preciso observar que estavam inspirando-se neles também, embora à sua maneira. Os professores ficaram atônitos e realmente chateados com o que viram, pois lhes pareceu uma exaltação do PCC e do crime. Comentamos que era isso o que viam no seu dia a dia. A questão era perguntar-se sobre o motivo de não ter surgido para o grupo outro modo de se subjetivar, a não ser por meio da identificação com o PCC. Embora o rap escrito pelo grupo virasse do avesso o apelo ao crime, mostrando o perigo de nele entrar.

Já na segunda apresentação, compuseram outro rap bastante crítico, que emocionou todo mundo. Eis o rap composto pelo grupo:

Realidade, não fantasia

Às vezes pra vencer na vida, é preciso ser agressivo
Somos grupo Elementos pensamentos positivo
Nosso governo é sinistro e só quer ganhar dinheiro
Aqui os mano não se ilude aqui os mano é brasileiro
Por isso eu te falo com muita convicção

O crime é pra quem é e não serve pra mim não
É inadmirável uns truta da quebrada
Fazendo 157 ou seja assalto a mão armada

Refrão
A falta de emprego e "compreenção" (compreensão)
Transporta o "piveti"(e) pra vida de ladrão
A falta de emprego e "compreenção"(compreensão)
Mata os sonhos da pessoa e joga dentro do caixão

Muito Zé "polvinho"(povinho) errado e cheio de
ganância
Somos manos de direito e ainda temos esperança
Fizemos essa letra com força de vontade
Só queremos expressar um pouco da realidade
Hoje em dia quem é quem isso é o que importa
A lei do mata-mata é o poder que abre as portas
Essa é a lei de satanás quem não tem respeito faz
Com uma arma na cintura você vê quem pode
mais
Não quero ser mais um "muleque"(moleque), ir-
mão da vida do crime
Levantei minha cabeça e agora sigo firme
Muitos jovens hoje em dia nessa pura fantasia
Se envolvendo com o crime pra vencer seu
dia-a-dia
A vida é tipo assim truta uma selva de bicho
Por isso tudo o que for fazer de bom faça com
capricho
A mil por hora vejo bater meu coração
Já vi muita gente ruim gente que mata sem
perdão
Um salve eu vou deixar pros manos da quebrada

Real Parque Panorama é ZONA SUL que se enquadra
Mano eu falo pra você então, sem tumultua(r)
Aqui é ZONA SUL maluco chega devagar...[2]

Os jovens rappers da EMEF José Alcântara – os novos cronistas da comunidade do Real Parque

O espaço propiciado na escola para o hip hop foi sem dúvida fundamental, ao oferecer sustentação psíquica e cultural para que os alunos pudessem expressar suas ideias de modo autêntico e livre por meio de uma "estética no limiar da Lei". Uma expressão estética usualmente colocada à margem da cultura escolar, mas que revelava o essencial para se repensar diversos pontos nevrálgicos da escola, da comunidade e das tensões com o entorno.

Analisemos mais de perto, iluminados por essas ideias, como poderia ser interpretada a letra da música "Realidade, não fantasia", apresentada pelos jovens alunos da 8ª C, como uma forma de luto de uma infância, que mal podia ser sonhada e era vivida nos bastidores de uma realidade avassaladora que "mata os sonhos da pessoa".

Se formos analisar o rap dos garotos, temos um exemplo típico de reinvenção da linguagem: "É inadmirável uns trutas da quebrada fazendo 157", ou seja, assalto a mão armada. Produz-se, como resulta-

---

2   Esses garotos fizeram uma reapresentação desse rap no programa da TV Record em maio de 2007, quando esta veio filmar a escola como parte de uma série de reportagens sobre a situação da escola pública no Brasil. Na verdade, a equipe da TV Record interessou-se por vir até a escola depois que leu um artigo nosso no jornal da USP (abril/2007), em que mencionávamos a letra do rap composto pelos garotos. Soubemos há pouco tempo que esses mesmos garotos estavam gravando suas músicas de rap em um CD autoral.

O QUE O RAP DIZ E A ESCOLA CONTRADIZ

do, uma verdadeira reinvenção da língua portuguesa, nela introduzindo uma espécie de linguagem estrangeira, resultando em uma forma interessante de se reapropriar da mesma, sobretudo para aqueles que são excluídos da linguagem culta e que são normalmente considerados incapazes de enveredar pela arte poética.

As flutuações de significados ou mesmo a ambiguidade, entre o experimentado socialmente e a arte poética enquanto tal, têm gerado uma série de ingerências jurídicas e policiais contra os grupos de rap do movimento hip hop, o que exige, segundo Béthune (2003), mais do que nunca, uma abordagem estética de tais manifestações, cujos sentidos podem ser apreendidos se observarmos a particular dialética que se estabelece entre o novo e o tradicional em suas criações: "segundo a maneira como integram, transgredindo, a base tradicional de onde provêm" (BÉTHUNE, 2003, p. 15-16).

E isso pode ser pensado tanto a propósito da estética musical do rap que traz consigo algo da cultura afro-americana, ou seja, os desafios e lamentos em forma de cânticos presentes no jazz, blues e até no soul e funk, como do repente e cantorias praticadas no nordeste brasileiro, que contam as histórias do povo sofrido do sertão. Uma estética que é capaz, ainda, de combinar o universal e o particular, em sua crítica social, como podemos observar em outro trecho do rap dos garotos: "Pra vencer na vida é preciso ser agressivo, somos grupo elementos". E depois o refrão que remete a uma questão social mais ampla: "A falta de emprego e compreensão/ transporta o pivete pra uma vida de ladrão/ a falta de emprego e compreensão/ mata os sonhos da pessoa e [os] joga dentro do caixão/". Mas a transgressão-se faz presente também no trecho que aponta para o limiar do crime e da transgressão, ao mesmo tempo em que exige um olhar atento da sociedade, assim como o direito de passagem dos jovens pobres das metrópoles: "A lei do mata-mata é o poder que abre as portas/ Essa é a lei de satanás quem não tem respeito faz/ Com uma arma na cintura vc vê quem pode mais". E o apelo não apenas para a compreensão, mas que os vejam com humanidade: "Somos manos de direito e ainda temos esperança".

É exatamente a situação dessa população excluída desde os tempos coloniais, que os rappers, com sua estética agressiva e afirmativa do ponto de vista étnicorracial, e os funkeiros, de modo mais irônico e alegre, têm denunciado em suas músicas.

Façamos um parêntese, introduzindo um momento do trabalho de campo em sala de aula com os alunos, para que se tenha uma ideia do significado desta "linguagem em ato" adotada pelo rap, a qual de algum modo fora adotada por nós nas intervenções em classe com aqueles jovens alunos, para que fosse possível adentrar em suas vivências, escutá-los e fazê-los nos escutar.

Contra a arma dos traficantes e da polícia... resta-nos a arma da música

Esta frase surgiu em um de nossos debates acirrados em torno da questão da violência no bairro, em uma sala de aula com alunos da 7ª série, um pouco antes da chegada da equipe de reportagem da TV Record, que veio à escola interessada em filmar os grupos de rap.

Depois de iniciado o debate, muitos garotos salientaram a questão da injustiça para com os pobres, cometida inclusive por parte da "Justiça", mas principalmente pela polícia, que eles voltaram a chamar de "coxinha" e de "gambé" (expressões também utilizadas pela banda Racionais MC's. Como alguns alunos começaram a simular o gesto de atirar com uma arma de fogo, entramos no clima da dramatização de uma situação real, perguntando-lhes: "Quem está machucando quem? Quem quer matar quem? Ei, mas... só existe essa solução?". Enfim, procuramos fazê-los refletir sobre como poderiam defender-se, seja da violência policial, seja dos traficantes, por outros meios, sem recorrer necessariamente às armas de fogo. Responderam que sim, que existiriam outras formas. Nesse momento, alguém cochichou para mim que os policiais entravam na favela correndo com arma atrás dos traficantes e que estes, também armados, para se defender entravam na rua no meio de um grupo de crianças... E que tudo isso era muito perigoso. Dissemos a eles que uma situação de violência como a enfrentada por eles em seu dia a dia não era justa e muito menos legal, que significava mesmo um abuso de poder, mas que os Racionais MC's pareciam utilizar-se de outro tipo de arma para denunciar tal situação. À nossa pergunta a respeito de qual era essa arma, um garoto respondeu: "A música!"[3]

Evidenciou-se, nesse momento, no entanto, quão difícil era, para esses jovens, aderir "pra valer" a esse discurso dos Racionais, uma vez que a violência experimentada por eles, todos os dias, era tão absurdamente desproporcional, representando um verdadeiro atentado à cidadania e à infância e à juventude, que ficava difícil responder apenas com um discurso crítico de denúncia. Daí o provável recurso desses rappers mais engajados, considerados, como vimos, por alguns autores (CONTIER, 2005) como os "novos cronistas das metrópoles", a verdadeiros "atos de linguagem".

Esta e outras experiências em sala de aula, que nos remeteu ao "coração da cena" – pessoal, histórica e politicamente, do mesmo modo como os rappers o fazem em suas músicas –, impulsionou-nos a pensar sobre a importante contribuição do hip hop para a educa-

---

3   Mais uma vez aqui, apresentamos uma forma de interpretar, pela via da dramatização, que denominamos "atos analíticos" para diferenciar da "sentença interpretativa".

ção pública, como o demonstra um professor norte-americano, Hill (2014), que recorre ao rap como parte fundamental das estratégias de ensino de literatura. O autor salienta como os jovens exigiam o comprometimento pessoal do professor, "na realidade", para que aderissem "pra valer" à proposta de trabalho. Foi o que sentimos nesse momento da intervenção: diante da falta de compromisso do conjunto da sociedade com a verdadeira universalização dos direitos sociais, culturais e políticos, era preciso "ver pra crer" se os adultos que ali se encontravam estavam realmente dispostos a levá-los a sério, o que implicaria um compromisso que iria além do âmbito da sala de aula.

E o funk carioca – um produto massificado ou uma estética erótica irreverente de novo tipo?

Depois de uma série de trabalhos realizados em classe, em que estimulávamos os alunos a expressarem suas ideias a respeito da escola e de suas vidas, seus sonhos e as dificuldades para alcançá-los, e ainda que nos falassem sobre músicas e danças apreciadas e cultivadas por eles nos finais de semana, identificamos muito interesse em torno das músicas e danças afro-brasileiras, dentre elas o hip hop e o funk.

No final do ano, programamos uma apresentação de alguns grupos de música e de dança, e como havia a expectativa de realizarmos um baile funk no final, apesar de nossa insistência, os alunos não trouxeram seus pais, quase que deliberadamente. Somente depois fomos entendendo seus motivos. Eram alunos da última série do Ensino Fundamental e muitos deles pareciam decepcionados/desencantados com as arbitrariedades e com o descaso para com sua formação por parte da direção daquela escola. Por esse e outros motivos, o que valia mesmo, naquele momento, era o prazer e a "liberação total". Nas apresentações de seus textos de despedida foram até mesmo saudosistas, mas quando apresentaram seus raps, bastante contestadores, e as meninas apresentaram seus dois números de funk, o ambiente ficou praticamente incontrolável, prevalecendo uma excitação claramente de tonalidade sexual.

Não houve clima algum para uma reflexão sobre como poderíamos repensar o funcionamento da escola a partir daquele levantamento que havíamos feito junto às salas de aula das 8as séries. Um fato curioso, que depois foi motivo de muitos comentários por parte dos professores, foi que naquele embalo de festa e muita sexualidade/ sensualidade, um tanto quanto caótica, o único que fora ouvido foi um líder da comunidade, um cantor de um grupo de rap. Este foi o único habilitado a dar um recado para aquela juventude embalada nas músicas de protesto, sobre a importância da escola para se sair da condição de excluído.

Embora muitos professores tenham ficado assustados diante do que consideraram "uma sensualidade/sexualidade sem limites", beirando "o desrespeito ao ambiente da escola", o que presenciamos, na verdade, foi o clamor dos alunos para serem ouvidos e vistos. E por que não? Também para serem acompanhados pelos adultos em suas expressões juvenis.

O documentário sobre o funk carioca, *Sou feia, mas tô na moda*, sob a direção de Denise Garcia (2007), conferiu a todos nós, professores e pesquisadores, novas chaves de leitura para aquela sensualidade irreverente e provocativa das garotas da escola. As cantoras de funk enfatizaram, em seus depoimentos, a importância do funk sensual, em primeiro lugar, no sentido de impedir a violência como prova de virilidade – que ameaçava a continuidade dos bailes funk nos morros cariocas –, incentivando, ao contrário, o amor sexual/sensual entre os sexos; em segundo lugar, como forma de as mulheres se imporem aos homens, dos pontos de vista da liberação sexual feminina e a favor

MÔNICA DO AMARAL

dos direitos de independência da mulher das classes populares, como parte de uma espécie de "movimento popular feminista". Do mesmo modo que as jovens cantoras do funk, na sua maioria negras, davam o seu testemunho sobre a importância do "funk sensual" para a liberação feminina, vimos nas apresentações de funk na escola, e em outros momentos em que fomos convidados para dançar com as alunas, um modo de se apropriarem de seus corpos sensuais e de se comprazerem dos efeitos de sedução produzidos nos garotos. E, claro, mais uma vez, éramos convidados a experimentar "pra valer" aquela liberação, não apenas no nível discursivo, mas com nossos corpos sendo atravessados por seus ritmos sensuais.

Depois, lendo o livro de Herschmann, *O funk e o hip hop invadem a cena* (2005), tivemos a oportunidade de conhecer o funk carioca e suas vicissitudes. Como o próprio título sugere, o livro refere-se ao modo como tais culturas juvenis reinscrevem os jovens pobres e negros no espaço público das grandes cidades, do qual são usualmente excluídos.

A posição do autor, ao contrário do que se tem dito a respeito do funk carioca, é a de que o fato de o funk ser mais alegre e erotizado não quer dizer que seja alienado ou apolítico. Salienta a importância do lançamento do disco do DJ Marlboro, em 1989, do funk "Brasil n. 1", responsável pela nacionalização da música e pelo lançamento dos jovens pobres e marginalizados das metrópoles no cenário midiático, que, por meio deste, alcançou popularidade, fazendo com que o público de classe média, inclusive, tivesse acesso a essa realidade.

CAPÍTULO 6

Os avanços e percalços metodológicos da pesquisa em ação

As experiências de docência compartilhada: um laboratório de como pode se dar a relação entre professores e alunos?

Depois das atividades com os alunos em uma das turmas da 8ª série, estávamos todos muito cansados. Alguns professores nos disseram brincando: "Já estão cansados, isso porque foram apenas três horas de aula, hem?" (Evidentemente fazendo alusão ao excesso de aulas a que estão acostumados a dar). Depois, um dos professores nos lembrou de quanto eles perderam na gestão do Maluf (1993-1996), quando este lhes negou o aumento legal que, de acordo com a inflação, seria de 82%. E que desde lá foram obrigados a dar um número muito maior de aulas, mas que mesmo assim, a situação na prefeitura (nas escolas municipais) ainda era melhor do que a situação no estado (ou seja, nas escolas estaduais).

Assistimos em seguida ao filme sobre a peça criada e encenada pelas estagiárias do Casulo, abordando a origem humilde de muitas das pessoas da comunidade, por meio do relato de suas próprias histórias de vida. Histórias que retratavam as condições difíceis de migração, envolvendo famílias inteiras, do nordeste para a região sudeste, movida pela impossibilidade absoluta de sobrevivência em sua terra de origem.

Os professores ficaram tocados com o filme e uma professora lembrou-se de suas origens, como neta de imigrantes italianos, que também sofreram com as separações e a pobreza, mas também se lembrou de momentos muito bons ao pé da varanda, em conversas com o pessoal da cidade que adentravam a casa de seus avós a todo o momento, uma vez que a porta estava sempre aberta. Dizia sentir falta daquele tempo e que, talvez, por isso gostasse tanto do modo de viver do pessoal da favela. Foi interrompida por outra professora, que lhe disse que se lembrava com nostalgia desses momentos, porque era filha de imigrantes, que podem até ter vivido em regime de semi-escravidão diante dos patrões, os senhores do café, mas que nunca foram para o tronco e que isso fazia uma grande diferença. A reação da primeira professora foi violenta, dizendo que não estava falando disso e sim das raízes (como se a segunda professora tivesse quebrado a vivência idílica da primeira enquanto esta se recordava da pobreza da infância, ou quando se referia à felicidade das pessoas da favela).

A dor da ancestralidade negra fez-se presente no discurso contundente da professora afrodescendente, rompendo o encanto do depoimento da professora descendente de imigrantes italianos, ao deixar claro que o sofrimento do negro não era equiparável ao dos trabalhadores brancos europeus que vieram para o Brasil para substituir os negros recém-libertos.

Foi muito interessante todo esse embate, embora sofrido para todos, pois, a realidade dos alunos os fez pensar em suas origens, seus antepassados, sobre as diferenças no trato com os imigrantes em relação aos milhares de trabalhadores negros que, após mais de três séculos de escravidão, foram abandonados a si mesmos, sem emprego e onde morar, sem nenhuma indenização, contando apenas com o apoio de suas próprias associações e irmandades. E que as condições de vida daquela comunidade do Real Parque, assim como as relações tensas entre a comunidade e o entorno luxuoso dos condomínios, eram resultantes desse passado colonial não ultrapassado.

Como tocar em assuntos delicados da relação entre professores e alunos sem ferir ninguém

Discutimos, em outra reunião com os professores da tarde, sobre nossas duas intervenções em sala de aula com os alunos de duas salas de 8ª série.

Solicitamos aos professores, então, que analisássemos o que aconteceu na reunião com os alunos. Uma das professoras salientou que ela sempre se surpreendia com os alunos. E que um dos alunos que mais a surpreendeu foi o E., pois ele desenhou e se colocou bastante (foi o desenho que contrapunha o bairro rico ao bairro pobre, onde estava a favela; sendo que a escola encontrava-se no limite entre os dois).

Outra professora observou que quando estavam em pequenos grupos, na primeira parte da atividade, os alunos ficavam mais soltos; já na segunda parte, no grupo maior em roda, os alunos encontravam-se amarrados, talvez porque exigisse uma elaboração mais teórica (no momento em que lhes apresentamos uma síntese do trabalho deles). Observamos, no entanto, se eles tinham reparado como os alunos estavam atentos após o intervalo e quando retornamos, já estavam sentados, quietos, aguardando-nos atentos para a apresentação dos trabalhos desenvolvidos.

Salientamos ainda como havia sido um momento privilegiado, quase um laboratório do que podia ocorrer em sala de aula entre professores e alunos. E que em alguns momentos fomos obrigados a intervir quando alguns professores exasperaram-se na discussão com os alunos que, pois ao se sentirem provocados, "responderam à altura". Mas que, desse modo, colocavam-se no mesmo plano dos alunos, diluindo-se, assim, as diferenças entre as gerações.

Um docente mais experiente argumentou que o professor andava desse jeito mesmo, sem deixar passar nada, respondia mesmo: "É 'casca de ferida'!" (ou seja, muito sensível a qualquer crítica).

Salientamos que assim, colocando-se no mesmo nível do aluno, o adulto (o professor, no caso) deixava de ser visto como alguém que estava lá para formar as novas gerações... e que isso fazia com que o aluno tratasse o professor então como um igual, sem sê-lo... Mas que o adolescente era ainda jovem, não aguentava muita pressão... A garota com quem a professora estava discutindo "forte" sentiu-se aliviada depois que interviemos a seu favor, intermediando a relação com a professora, pois eles não tinham a mesma estrutura (psicológica) de um adulto, embora parecessem e quisessem ter.

Em seguida, comentamos que o adolescente, ao contrário do adulto, estava começando a experimentar alguma autonomia em sua vida, mas que, para isso, apoiava-se muito nos colegas, precisava da aceitação dos amigos e do amparo dos adultos, por mais que parecesse o contrário.

Depois, comentamos sobre nossa experiência com a turma da 8ª série A, da manhã, dizendo-lhes que a dispersão era tal, que nos vimos obrigados a nos determos nesta sala por três semanas. Considerava que eles não pareciam constituir propriamente uma turma, pois não havia um sentimento de grupo naquela classe. Agiam cada um por si e que por isso nos parecia ser uma classe difícil de trabalhar. Tivemos, em um determinado momento, que ser firmes, perguntando-lhes se afinal gostariam ou não de participar do projeto. Os alunos perguntaram-nos se teriam essa opção. Nós lhes dissemos que sim. Alguns, então disseram que não queriam, mas era "um não-querer-querendo". Eles, em seguida, formaram os grupos um pouco a contragosto. Dois grupos da frente, só de meninas, logo se dispuseram a trabalhar (desenhando). Havia um garoto que estava pouco disposto a ficar perto de outro colega com quem havia brigado. Por fim, se dispuseram a desenhar com afinco e a pintar. Outro grupo, que sentava no "fundão", constituído por meninos e meninas, disse que preferia escrever em vez de desenhar e escreveu algo poético. Nesse mesmo grupo, surgiu um garoto que desenhou um índio, mas que logo foi riscado. O garoto loirinho ao lado, desenhou um outro "zoando" com o índio. Foi quando lhes perguntamos se havia índios na comunidade? E o garotinho nos disse: "Eu sou *Pankararu*!". Daí lhe dissemos com interesse que desenhasse o jovem *Pankararu* no papel maior. Ele o desenhou e depois fez outro, não *Pankararu*. Depois, indagamos os jovens alunos sobre que tipo de relação poderia haver entre os dois. E um garoto loirinho respondeu: "De amizade!". Apontaram outra garota de origem indígena, mas ela não quis comentar sobre a comunidade *Pankararu*. Estava mesmo interessada em uma revistinha feminina com modelos de jovens brancas.

Percebemos como a questão da assunção da identidade étnicorracial para esta comunidade afro-indígena era vivida com muita dor, sendo necessário, muitas vezes, negá-la completamente no espaço escolar. Uma questão que foi se tornando central em nosso trabalho de investigação conjunta com os professores.

Depois de relatar aos professores nossas impressões sobre esse dia de trabalho com a classe, perguntamos a eles como interpretariam o que aconteceu nesta sala.

Uma das professoras disse que os professores da manhã reclamavam da indisciplina, mas que era algo natural, uma vez que os alunos ficavam de três a quatro horas trancados lá sem fazer nada, sem aula, por falta de professor. E o problema não podia ser resolvido por ninguém, sequer pela diretora, que não tinha mais o direito de nomear qualquer professor substituto. Tudo se encontrava na dependência da Diretoria Regional de Ensino.

Os professores demonstraram em suas falas que se sentiam impotentes diante de uma situação como esta, sentindo-se eles mesmos desamparados. Um dos professores salientou que eles se sentiam abandonados. Ao que outra professora acrescentou: "Esta escola não tem mãe!".

Uma professora comentou que os alunos nunca tinham oportunidade de se expressar, e que, por isso mesmo, não sabiam fazê-lo. "Não há ninguém que queira ouvi-los!", declarou.

Um dos professores argumentou que ele até tentava estabelecer um diálogo com os alunos, mas percebia que eles não acreditavam nos professores. Como consequência, ficavam cada vez mais separados e divididos em grupos.

Considerando ser este um problema sério (a de falta de professores e a tentativa de entreter os alunos com atividades vazias, sem sentido), perguntamos aos professores sobre outro aspecto que parecia agravar tal situação: "Por que os alunos que não fazem nada (os 'bagunceiros') são reunidos na mesma sala?".

Imediatamente responderam que esta não era a política adotada. Ao que se opôs uma das estagiárias ali presentes, dizendo que isso ocorria sim.

Uma das professoras esclareceu-nos que, além do problema da falta de professores, a situação foi agravada pelo fato de a diretora, ao querer satisfazer as demandas das mães que solicitaram que seus filhos ficassem juntos no mesmo período, abriu espaço para que os alunos fizessem as trocas de sala que bem entendessem (conforme a vontade deles e dos pais). Desse modo, todo o planejamento que os professores haviam feito foi por "água abaixo". Além disso, os docentes tiveram que esperar até o mês de abril para ter os seus fichários de classe em ordem, o que provocou um caos na escola.

As estagiárias ponderaram que os alunos sentiam essa desorganização na gestão da escola, o que dificultava ainda mais a organização dos próprios alunos.

Após esse relato, observamos, então: "Quer dizer que a Secretaria Municipal de Educação, com sua política de nomeação de professores, criou um caos na escola e a diretora, ao querer atender indiscriminadamente as demandas dos pais e dos alunos, piorou ainda mais a situação?"

Todos foram unânimes: "É claro!". Outra professora ainda acrescentou: – "O problema é que quando a gente perde aulas à noite (os efetivos), nós ainda somos obrigados a tirar aulas dos professores adjuntos! E como eles não são lotados na escola, mas na Coordenadoria, daí bagunça mais ainda!".

Perguntamos a eles se não achavam estranho que, com tanta demanda de formação escolar na comunidade (cerca de 50% dos adultos da comunidade não tinham sequer a 4ª série), as turmas à noite estavam sendo fechadas por falta de aluno.

Uma das professoras esclareceu que a diretora queria tratar o aluno adulto como criança. Eles chegavam muito animados, mas depois percebiam que não havia professor e que ainda eram obrigados a ficar trancados na escola assistindo vídeo até dar o horário, e que por isso desistiam. E ainda se fechava o banheiro (que só era aberto no intervalo). "Tudo isso humilhava o aluno que era adulto, trabalhador!", acrescentaram.

Ponderamos se o problema também não estava relacionado com a falta de conhecimento sobre as origens dos alunos e de um ensino culturalmente relevante para aquela comunidade. Perguntamos aos professores se eles sabiam que no passado os indígenas *Pankararu* haviam sido submetidos a um aldeamento forçado, juntamente com os negros forros e brancos pobres do sertão, como parte da política de branqueamento instaurada no país desde os tempos idos coloniais. E que, em meados do século XX, foram recrutados como mão de obra para a construção do estádio do Morumbi e do Palácio dos Bandeirantes. Embora tenham sido os primeiros moradores da região, hoje viviam em condições precárias, sem perspectiva de obter uma moradia digna. Ou seja, haviam sofrido muitas rupturas com seu passado, cuja história precisava ser resgatada. E que tudo isso provocara uma verdadeira amnésia social, a tal ponto que os descendentes Pankararu, de origem afro-indígena, viviam esquecidos de suas origens.

Aos poucos, ficava claro que, além dos entraves relativos ao funcionamento do sistema de ensino, particularmente devido ao excesso de centralização das decisões e do sistema de atribuição de aulas, havia sérios problemas naquela escola devido a uma política populista da direção, que procurava atender aos desejos e demandas dos alunos, mas que se furtava a discutir seriamente os critérios estabelecidos pelo corpo docente. Os alunos, por sua vez, embora gozassem de "liberdade de escolha", na verdade acabavam sendo prejudicados em seu aprendizado, obtendo uma formação muito aquém do esperado.

De outro lado, os professores se deram conta da importância de se estudar sobre a origem dos alunos, daquela comunidade, seus costumes e tradições, cuja história deveria fazer parte do próprio conteúdo a ser ministrado em sala.

O redirecionamento da pesquisa

O estudo inicial permitiu o delineamento de um amplo quadro da realidade sociocultural dos alunos dessa escola, assim como nos foi possível tomar ciência das dificuldades enfrentadas pelos docentes para o exercício adequado de suas funções, muitas vezes constituindo-se em verdadeiros obstáculos para a transmissão dos conteúdos mínimos esperados para cada disciplina.

O QUE O RAP DIZ E A ESCOLA CONTRADIZ

Como resultado desse intenso contato com o mundo juvenil propiciado pelas intervenções em sala e dos depoimentos recolhidos das respostas dos alunos ao questionário, foi possível conhecer quais os gêneros de música mais apreciados por eles, seus modos de amar e viver a sexualidade e, de um modo mais amplo, o significado das experiências da adolescência dentro e fora da escola. Tomando em consideração o delineamento dos interesses dos jovens alunos das 7as e 8as séries, consideramos que contribuiríamos mais caso centrássemos nossos esforços, na próxima etapa da pesquisa, no desenvolvimento de três projetos, envolvendo um aprofundamento teórico entre os professores e intervenções em sala junto aos alunos, de modo a contemplar os temas que surgiram como sendo de maior relevância para os jovens, que nos pareciam relegados a uma espécie de ostracismo no interior da vivência escolar.

Com esses objetivos, foram constituídos os seguintes grupos: um grupo que se dedicaria ao enfrentamento teórico e de campo a respeito do tema da discriminação dos grupos étnicos minoritários e da falta de conhecimento das origens e costumes dos indígenas *Pankararu*; o grupo que pretendia estudar o hip hop, um dos principais movimentos de cultura juvenil, acabou reunindo-se com o grupo de culturas brasileiras (negras e sertanejas), que iria dedicar-se ao estudo dos hibridismos entre as culturas negra, sertaneja e indígena, muito comum naquela comunidade; e o grupo que trabalharia com a questão da sexualidade e relações amorosas na adolescência. Por fim, foi constituído posteriormente outro grupo de reflexão sobre a questão da sexualidade e relações amorosas entre os professores, que nos pareceu essencial, a partir de nossas intervenções em sala de aula com os alunos, para pensar nas diferentes concepções sobre a sexualidade presentes em diferentes culturas, como uma forma de desconstruir

MÔNICA DO AMARAL

uma visão marcadamente estereotipada sobre as relações amorosas e a relação entre os gêneros.

O objetivo do redirecionamento da pesquisa para intervenções em sala centradas nesses temas foi no sentido de promover o restabelecimento dos laços intersubjetivos entre os alunos e destes com a escola, por meio da perlaboração[1] de suas raízes, de suas culturas, na maioria das vezes esquecidas entre as gerações mais jovens, mas cujos resquícios assumiam uma feição híbrida na comunidade – mesclando as culturas do homem sertanejo das regiões norte e nordeste, a cultura indígena *Pankararu*, a cultura dos afrodescendentes e as culturas juvenis mais ou menos massificadas (que iam desde as músicas de Ivete Sangalo e outras de pagode), até os raps de protesto urbano e os ritmos e danças que acompanhavam o hip hop e o funk.

Em meio a esses estudos, algumas iniciativas dos professores foram tomadas. O professor de geografia percebeu a importância de se reportar à região semiárida do nordeste para se referir às condições precárias de vida lá encontradas que fizeram com que muitas famílias migrassem para a região sudeste em busca de trabalho. A professora de literatura trouxe o romance de cordel para refletir sobre uma das artes poéticas cultivadas pelos familiares dos alunos, a partir das quais foi possível estabelecer relações com outras culturas orais, como o repente, a embolada e o rap. E a de história se debruçou na ancestralidade afro-indígena daquela comunidade, remontando, não apenas à escravidão e aos aldeamentos forçados, mas à força de resistência daquelas populações, tanto do ponto de vista político, como cultural.

---

1 Perlaboração foi um termo utilizado por Freud (1ª ed. 1914, 2001b), em seu artigo "Recordar, repetir e elaborar", que aqui utilizo no sentido não apenas de elaboração psíquica inconsciente a posteriori, como sustentado por Freud, mas também no sentido de uma elaboração do passado histórico, tal como defendera Adorno (1995b), em seu artigo "O que significa elaborar o passado?".

CAPÍTULO 7

Algumas iniciativas de professores e da comunidade mais significativas que resultaram das intervenções em sala de aula

Uma aula de literatura culturalmente relevante

Um dos trabalhos mais produtivos dessa experiência de pesquisa, realizado por uma de minhas orientandas, Maíra Soares Ferreira,[1] envolvendo a construção em sala de aula de cordéis, raps e repentes, resultou em um belo trabalho sobre como explorar os hibridismos entre esses gêneros poético-musicais das culturas populares que constituem o rico matizado de nossa cultura, com vistas a reconstituir os laços perdidos daquela comunidade do Real Parque de migrantes nordestinos, onde vivia uma boa parte dos indígenas *Pankararu* que moravam em São Paulo. Além disso, constituiu-se em um exemplo sobre a importância de se trabalhar com conteúdos culturalmente relevantes para que se dê o envolvimento dos alunos.

Como resultado deste trabalho em parceria com uma das professoras de português, tivemos a iniciativa da docente no sentido de incorporar a proposta à programação de suas aulas.

Essa professora, afro-brasileira, depois de acompanhar as oficinas de cordel, tomou a iniciativa de ler com os alunos da 7ª série, um romance de cordel, *As três Marias*, de Wilson Freire (2002), de 400 páginas, resultado da reunião de doze folhetos de cordel, que depois ser-

---

1 FERREIRA, Maíra Soares. *A rima na escola, o verso na história- um estudo sobre a criação poética e afirmação étnico-social entre jovens em uma escola pública de São Paulo.* Dissertação (Mestrado), FEUSP, São Paulo, 2010.

viu de roteiro de um filme, sob o mesmo título, de Aluísio Branches. Percebendo que os alunos dominavam perfeitamente as características de uma poesia, leu alguns trechos do romance, que retratava histórias típicas do sertão de Pernambuco, envolvendo rivalidades e vinganças entre famílias, e de luta pela honra, algo tipicamente masculino, com uma diferença, pois a história envolvia a vingança pela honra entre três gerações de mulheres. Em seguida, propôs algo bem interativo, colocando frases incompletas do cordel em papel craft para serem completadas por eles com palavras que lhes foram distribuídas. A atenção dos alunos foi total e a participação foi intensa, pois ali viram retratadas histórias de famílias da terra natal de muitas pessoas daquela comunidade.

Outra atividade levada com muito empenho pelos discentes foi a comunicação em forma de poesia entre a comunidade dos jovens *Pankararu* daquela escola e os indígenas *Pankararu* que moravam no Brejo dos Padres, com os quais estabeleceram correspondência graças aos contatos obtidos por Maíra Ferreira, que lá esteve fazendo sua pesquisa etnográfica na região de origem desses alunos, entrando em contato com a comunidade da etnia *Pankararu* de Pernambuco como parte de sua pesquisa de mestrado.

A festa dos livros... depois de um ano intenso e produtivo

Estávamos no final de novembro quando soubemos de uma grande feira de livros que iria ocorrer na FFLCH-USP, onde os livros seriam vendidos com um abatimento de 50%. Combinamos particularmente com os professores da tarde de nos encontrarmos na feira. Estiveram conosco duas professoras durante uma manhã, aliás, bastante produtiva, uma vez que nos foi possível escolher a dedo e com muito prazer os livros que mais interessariam à equipe. Depois, quando chegamos à escola, foi uma festa: colocamos todos os livros sobre a mesa e combinamos que cada um de nós iria estudar o assunto pelo qual cada um tivesse interesse e que o relatório de janeiro versaria exatamente sobre essas leituras. O depoimento de uma das professoras nos sensibilizou bastante ao relatar a felicidade de poder manusear os livros, o que a fez recordar de um conto de Clarice Lispector sobre esse discreto prazer. Pensamos como seria bom se pudéssemos cultivar nos alunos esse mesmo prazer e quão distante essa tarefa parecia estar: em casa, os alunos perdiam os livros, e na escola, os livros ficavam jogados em uma estante e depois de um ano pareciam já muito estragados, não se sabia exatamente se devido ao uso e ao seu bom aproveitamento ou se por estarem acomodados de qualquer jeito na estante aberta no fundo da sala de aula.

A semana da diversidade cultural e a comemoração dos Pankararu na escola no final do ano

Quando iniciamos a pesquisa, chamou-nos a atenção o fato de os jovens alunos *Pankararu* terem vergonha de se indentificar como indígenas, a despeito de existir uma comunidade significativa de indígenas *Pankararu* no Real Parque, que vieram entre os anos 50 e 60 e ali se instalaram depois de trabalharem na construção do estádio do Morumbi e do Palácio Bandeirantes. Um de meus orientandos, na época, Edson Y. Nakashima, sensibilizado pela situação desta comunidade indígena, dedicou todos o seu estudo de mestrado e atuação na escola como parte de sua pesquisa de campo, ao reconhecimento e valorização da cultura e costumes dos *Pankararu* no interior da escola, resultando em seu trabalho intitulado *Reatando as pontas da rama: a inserção dos alunos da etnia indígena* Pankararu *em uma escola pública de São Paulo* (2009).

Um dos resultados mais importantes de seu trabalho foi, sem dúvida, a organização da semana da diversidade cultural organizada por alunos e professores, que culminou em uma festa interétnica no final do segundo ano da pesquisa, quando as duas associações dos indígenas *Pankararu* reuniram-se para produzir esse encontro na escola: Associação SOS Comunidade Indígena *Pankararu*, fundada em 1994, sob a direção, na época, de Bino *Pankararu* e a ONG Associação Cultural Indígena *Pankararu*, fundada em 2003, sob a liderança de Dimas *Pankararu*.

A semana consistiu na apresentação de mesas redondas, que contou com a participação de outras associações do bairro, representantes da Diretoria Regional de Ensino da região, pesquisadores da universidade, professores e apresentações artísticas dos alunos e da comunidade. Orientados pelos princípios que regem a Lei 11.645/08,[2] foram organizadas mesas temáticas com o objetivo de contemplar a diversidade étnica da comunidade escolar e todo o debate até então inexistente na escola, envolvendo:

– o ensino obrigatório das culturas e histórias afro-brasileiras e indígenas e a questão da pluralidade cultural na escola;

– a cultura e história afro-brasileira;

– a cultura e história indígena;

– o preconceito e a discriminação étnica, religiosa e sexual.

A realização da semana contou ainda com a apresentação de diferentes grupos atuantes na comunidade do Real Parque: uma de

---

2 Lei que, em complemento à Lei 10.639/03, estabelece a obrigatoriedade do ensino de cultura e história indígena e afro-brasileira no ensino fundamental e médio das escolas públicas e privadas.

danças brasileiras (organizada pelas alunas da EMEF José Alcântara), outra de hip hop (uma iniciativa da ONG Favela Atitude). Foi também organizada uma roda de capoeira (por iniciativa dos alunos do Mestre Boca), uma da comunidade *Pankararu* e outra de artes marciais.

Embora o objetivo norteador da semana fosse ressaltar a importância do cumprimento da Lei 11.645/03, havia objetivos específicos a serem atingidos com aquela comunidade escolar:

– desmistificar a visão estereotipada que a sociedade – incluindo a comunidade escolar – tem a respeito dos indígenas e afro-brasileiros e combater assim o preconceito e a discriminação em relação a eles;

– discutir o projeto político-pedagógico a respeito dos indígenas e afro-brasileiros com a comunidade escolar;

– possibilitar um ambiente na escola no qual os alunos tenham um espaço propício para conhecer a história indígena e afro-brasileira, valorizando assim a diversidade cultural.[3]

Uma prova de que muita coisa mudou em relação aos jovens da etnia *Pankararu*, foram os raps expostos na semana, deixando claro o orgulho que passaram a ter de seu pertencimento indígena, conforme sublinhou Edson Y. Nakashima em sua dissertação, dando destaque a um dos raps compostos por alunos *Pankararu* (NAKASHIMA, 2009, p. 215-216):

> Rap dos Pancararu
> De: Luciara, Clayton e Alexia
>
> Eu sou índio Pancararu
> De cá ou de lá somos Pancararu
> Moramos no real sul

---

3   Cf. constou no folder da semana distribuído à comunidade escolar, segundo Nakashima (2009, p. 195-196).

MÔNICA DO AMARAL

Digo isso pra rimar
Porque nós somos pancararu
Porque todo mundo do real sul
Tem orgulho de ser um

Dos primeiros habitantes
Do Brasil e do Real
Na América do Sul
Um povo muito legal

Por meio desse rap, os jovens não apenas demonstraram orgulho de serem *Pankararu*, como tocaram em um assunto importante
– eram indígenas, como os que habitavam as aldeias, mas viviam na
cidade e deveriam ter uma atenção dos órgãos governamentais como
a que era dedicada aos aldeados, uma vez que, segundo levantamentos
feitos pelo IBGE, os indígenas urbanos constituíam cerca de 50% da
população indígena do país.

No dia do encerramento, para surpresa de todos, houve uma
apresentação do ritual indígena envolvendo o uso dos Praiás[4], que
convocou todos ali presentes para um dança em roda entoada pelos
cantos de torés e toantes.[5] A comunidade *Pankararu* trouxe seus co-

---

4   Praiá é a indumentária tecida de palha de ouricuri pelo zelador (Pai do
    Praiá) – responsável pela transmissão da tradição – que usualmente é utili-
    zada pelos indígenas *Pankararu* no Ritual do Toré, que serve para encobrir a
    personalidade do dançador. Cf. site dos povos indígenas no Brasil. Disponível
    em: <http://pib.socioambiental.org/pt/povo/Pankararu/885>. Acesso em:
    08/02/2016.

5   Segundo Nakashima (2009, p. 50): "De acordo com Cunha (1999), em ter-
    mos musicais, toantes e torés obedecem à mesma lógica. Possuem uma es-
    trutura composta por três partes, sendo que nas duas primeiras são cantadas
    as estrofes. Na terceira e última parte, encontra-se o trecho que é repetido

lares e outras peças indígenas para vender e ofereceram um almoço farto com diversas de suas comidas para todos ali presentes. Houve, ainda, apresentação de um grupo de percussão, tocando ritmos afro-brasileiros com seus tambores e de dança no ritmo do funk e break de um grupo de hip hop local.

No final, um garotinho da comunidade começou a tocar um chocalho dos indígenas ali presentes e nos perguntou se ele também era *Pankararu*. Percebemos, nesse momento, que se invertia a relação com a qual nos deparamos em relação às comunidades afro-indígenas quando chegamos na escola.

Ficou claro para nós que a abertura para o outro, para o diverso e a elaboração de histórias esquecidas e negadas em nossa cultura envolvia todo um trabalho de aproximação da comunidade escolar do rico e variado universo cultural que constitui as raízes da cultura brasileira. A desconstrução de imagens estereotipadas e preconceituosas em relação às culturas afro-brasileiras e indígenas dependia de todo um esforço da comunidade escolar de reconstituição dos laços perdidos com nossa ancestralidade negada pela cultura eurocêntrica que invadiu a cena escolar da educação pública em nosso país.

---

várias vezes antes de voltar ao início. Em determinados momentos, o cantor e os participantes cantam na forma de chamado e resposta. A diferença está no ritmo, com os torés cantados em um volume mais alto e de forma mais acelerada do que os toantes".

CAPÍTULO 8

Reflexões teórico-metodológicas sobre a pesquisa

Nossas intervenções em sala de aula deram vida, por meio das expressões plásticas e musicais dos alunos, ao olhar abafado dos professores sobre sua própria realidade de trabalho, ao mesmo tempo em que colocavam em relevo a realidade dos alunos daquela comunidade encravada no seio de um dos bairros mais ricos e luxuosos da capital. A metodologia utilizada nessas intervenções procurou combinar o método do "olhar participante" em sala de aula com o princípio das "comunidades interpretativas" (SANTOS, 2003) nas reuniões realizadas após as intervenções entre os membros da equipe, que pressupunha a preparação teórica e emocional dos agentes escolares para que estes desenvolvessem uma escuta e um olhar atentos em direção aos reclamos dos jovens.

As manifestações polissensoriais dos adolescentes que se manifestavam de modo caótico e barulhento ganharam sentido para eles mesmos, ao substituir o verdadeiro solilóquio, em que muitos deles se encontravam mergulhados, por raps – os mensageiros de protesto dos jovens pobres das metrópoles. E as garotas, com sua sensualidade irreverente, exigiam de todos um olhar atento – e o direito a terem um espaço para seu "ser mulher" – que fosse capaz de ver nelas o avesso do que diziam as letras funks que tocavam ao fundo, todas degradando a imagem feminina. E, claro, atingiram em cheio o coração da escola, que parecia há muito não os escutar – ou seja, a burocracia, a direção e até mesmo os professores (a maioria só vinha pensando em remoção e aposentadoria). Os professores, frente a esses desafios, tiveram a oportunidade de ressignificar suas experiências e, ao se sentirem apoiados – intelectual, emocional e politicamente –, reassumiram sua autoridade, porém de outro modo.

Como afirma Bataille, em seu livro *A experiência interior* (1954, p. 15): "A experiência interior responde à necessidade... de por tudo em questão, sem descanso admissível... Mas esta experiência nasce do não saber e nele permanece decididamente". O autor referia-se ao experienciar sem juízos prévios, sem julgamento moral, em direção ao desconhecido. Experiência que ele vincula à autoridade e, ao mesmo tempo, remete ao paradoxo: fundada sobre o questionamento, problematiza o próprio sentido de autoridade. Uma autoridade que se define por ser capaz de se colocar incessantemente em questão, ao mesmo tempo em que implica o rigor de um método, a existência de uma comunidade.

Daí a pertinência de se recorrer a um método que se abra, de acordo com a releitura de Canevacci (2005b), para o olhar participante de Eros – que olha e se deixa olhar – e, desse modo, possa promover o encontro com a experiência do desconhecido e reinstaure a autoridade em novas bases. Um método, como vimos, capaz de produzir rupturas e até mesmo abrir fendas nos discursos e práticas do cotidiano escolar.

Do método etnográfico pós-moderno ao método psicanalítico de ruptura de campo: afinidades eletivas

Acreditávamos, conforme foi sugerido anteriormente, que as "culturas extremas" (CANEVACCI, 2005a) juvenis poderiam constituir-se em um "campo de possibilidades" para se repensar não apenas as formas de protesto juvenil nas metrópoles, mas o próprio processo de (des)construção das identidades dos adolescentes no mundo contemporâneo. Sustentávamos, ainda, que a etnografia do olhar – voltada para as manifestações eróticas polissensoriais da juventude – permitiria o surgimento de verdadeiras prototeorias capazes de se constituírem em momentos de ruptura de campo, a partir dos quais fosse possível construir elementos para se proceder a uma crítica contemporânea à razão reinante no universo escolar.

A partir dessa experiência de intervenção em uma unidade da rede pública de ensino – em que se entrelaçaram as experiências de professores pesquisadores, alunos e pesquisadores da universidade (psicólogos, psicanalistas e alunos de pós-graduação com formação em letras e história) – procuramos depreender um método de pesquisa capaz de articular a "eróptica" de Canevacci (2005b), uma etnografia que combina o olhar e a dimensão erótica tal como sustentados por Bataille (2003), e o método psicanalítico, tanto por meio da leitura flutuante de todo o material de campo, conforme sugerida por Milnitsky-Sapiro (2006), como no momento de nossas intervenções junto aos alunos e professores, em que nos foi essencial a ideia de "ruptura de campo", defendida por Herrmann (2001), promovida pelo ato interpretativo e associada a um estado de irrepresentabilidade transitória, como condição do surgimento de novas representações que dariam corpo à "prototeoria" do sujeito.

Nossa intenção foi demonstrar, à medida que trabalhamos com o campo de inconscientes relativos"[1] – resultante do entrela-

---

1   A noção de inconsciente relativo refere-se menos a um estado e mais, como sustenta Herrmann, à "potencialidade do método psicanalítico de fazer com que surja (por ruptura de campo) a ordem lógica [inconsciente] de constituição das representações – ideias, emoções, imagens conscientes" (HERRMANN, 2001, p. 121).

çamento das subjetividades de professores, alunos e pesquisadores – como poderiam surgir "prototeorias" acerca das relações de sentido que se pode depreender das práticas e discursos produzidos no âmbito da sala de aula durante as intervenções, por meio de "atos analíticos", no lugar de sentenças interpretativas, a partir dos quais pretendeu-se promover mudanças na qualidade da comunicação entre professores e alunos.

A ideia era que a razão reinante na cultura escolar, sustentada por professores, coordenadores e direção da escola de Ensino Fundamental (respeitados seus diferentes matizes), pudesse ser rompida e renovada por dentro, a partir do contato com o que há de mais crítico e transformador das culturas juvenis; estas, portadoras das vozes dissonantes e marginalizadas, concebidas pelos autores por nós estudados como potencialmente críticas.

CONSIDERAÇÕES FINAIS SOBRE A PESQUISA

Considerando a complexidade envolvida na crise da educação e o distanciamento da cultura escolar em relação às culturas juvenis – as quais, por sua vez, ressignificam de um modo contemporâneo as culturas afro-brasileiras e indígenas – reiteramos a importância da escuta e de um olhar atentos à diversidade étnica e cultural dos alunos, que deve ser contemplada por todo e qualquer projeto de renovação do ensino público deste país. Questões como o declínio da autoridade do professor e uma formação escolar em descompasso com os interesses dos alunos fizeram eco às reflexões de Nietzsche (2004) sobre a crise dos estabelecimentos de ensino, que apontavam para a necessidade de uma educação voltada à formação estética e filosófica, que conduzisse, por sua vez, à autorreflexão. Contrária ao tédio reinante nas escolas, há que se despertar nos alunos o "espírito livre", capaz de se deixar fecundar em sua imaginação, conforme sugerira o autor. Ou ainda, como sustentou Adorno (1995a), uma formação voltada à emancipação, que fosse além da apropriação do instrumental técnico-científico e propiciasse um aprendizado aberto à elaboração da história e ao contato com o outro não idêntico. No caso de países como o nosso, cuja história não pode ser desvinculada da diáspora negra do Atlântico, as ideias de Fanon (2008) fizeram sentido para se pensar em uma educação capaz de libertar o jovem aluno afrodescendente e indígena desse Outro, prenhe de racionalidade branca e eurocêntrica, que se inocula em suas consciências e muitas vezes os distancia de suas culturas e costumes.

Particularmente no que diz respeito ao tema da autoridade, como repensá-la a partir das ideias de Canevacci (2005a). Este foi o grande desafio no trabalho com professores e alunos da EMEF José Alcântara, além evidentemente de se tentar sensibilizar coordenadores e direção para uma mudança necessária de postura dos adultos em face das novas subjetividades juvenis. Um trabalho que também se fazia necessário junto aos pais, embora não nos tenha sido possível realizá-lo.

Evidenciou-se para todos nós – pesquisadores da universidade e professores-pesquisadores – a pertinência de recorrer a um método que se abre, de acordo com a releitura feita por Canevacci (2005b) de Bataille, para o olhar participante de Eros – que olha e se deixa olhar – e assim é invadido pela experiência do desconhecido e, em contato íntimo com este, torna possível refundar a autoridade.

A transvaloração de todos os valores anunciada por Nietzsche (2006) como condição de crítica da modernidade, apontando para a necessidade de por em questão o "valor dos valores" da metafísica ocidental, socrático-platônica e cristã – que abriria a experiência humana para uma pluralidade de sentidos –, pareceu-nos fundamental para repensar os rumos da educação pública[1] em nosso país. E foi o contato com as manifestações culturais de resistência cultivadas pelos jovens do Real Parque que permitiu que o corpo de professores e a escola colocassem em questão os valores que sustentavam suas ações. E, assim, promover a "ruptura de campo" no seio da cultura escolar, necessária à emergência de renovados sentidos sobre temas, como: a autoridade do professor, a relação entre as gerações, a transgressão juvenil, a formação estética juvenil e uma formação escolar culturalmente relevante.

---

1 Preocupação esta que se fez presente na coletânea de Amaral e SOUZA (2011).

O QUE O RAP DIZ E A ESCOLA CONTRADIZ

Em uma escola onde reinava o caos e a falta de acolhimento dos anseios dos alunos, nossas intervenções deram vida, por meio das expressões plásticas e musicais dos alunos, ao olhar abafado dos professores sobre sua própria realidade de trabalho, ao mesmo tempo em que punha em relevo a realidade dos alunos daquela comunidade encravada no seio de um dos bairros mais ricos e luxuosos da capital.

As expressões polissensoriais dos adolescentes, que se manifestavam de modo caótico e barulhento, ganharam sentido diante deles mesmos, ao substituir o verdadeiro solilóquio, em que muitos deles se encontravam mergulhados, por raps, os mensageiros de protesto dos jovens pobres das metrópoles. E as garotas, com sua sensualidade irreverente, exigiram, de todos, um olhar atento para seu "ser mulher". Para compreender o modo como esses jovens apropriavam-se do que era veiculado pela mídia, transformando-o em seu contrário, foi-nos fundamental a ideia de "reversão dialética", segundo a qual, de acordo com a leitura feita por Luciano Gatti (2009) das ideias de Walter Benjamin (1936, 1980), é possível interpretar a potencialidade crítica da cultura na era da reprodutibilidade técnica. Esse sentido da crítica pode ser depreendido, como se pode observar[2] nas letras de alguns rappers, particularmente os Racionais MC's, que se deixam praticamente levar pela regressão induzida pela mídia para revertê-la em seu contrário – promovendo a formação de massas de jovens das periferias das metrópoles e, desse modo, assumindo o caráter político do movimento.

E, assim, os jovens alunos, com sua estética "crítico destrutiva" e "positivo afirmativa" ou "extrema", atingiram, em cheio, o coração da

---

2 Cf. artigo anexado no final de minha autoria: "Expressões estéticas contemporâneas de resistência da juventude urbana e a luta por reconhecimento – uma leitura a partir de Nietzsche e Axel Honneth". *Revista IEB*, São Paulo, n. 56, p. 73-100, 2013.

escola, que há muito não os escutava – ou seja, a burocracia, a direção e até mesmo os professores (a maioria só vinha pensando em remoção e aposentadoria). Os professores, por sua vez, tiveram a oportunidade de ressignificar suas experiências e se sentindo apoiados, intelectual, emocional e politicamente, reassumiam a autoridade ameaçada, porém, em outros moldes.

Além do aspecto político, há a dimensão estética que procuramos desenvolver, mais recentemente em outra pesquisa, tanto nas oficinas de rap e repente, quanto nas de improvisação – sempre atentos a uma escuta e a uma sensibilização, que poderíamos chamar de estética, corpórea e psíquica, uma vez que ao provocarmos estranhamento pela via sonora, histórica e poética, estávamos atingindo camadas mais profundas do inconsciente de jovens, educadores e pesquisadores. E, ao romper com ideias e gostos incutidos pela indústria cultural, promovíamos também rupturas nas formas dominantes de pensar, além de permitir uma abordagem renovada do ponto de vista conceitual das estéticas juvenis.

O trabalho de formação dos jovens da periferia de São Paulo, desenvolvido por nós, no sentido contrário ao apagamento dos vestígios da memória individual e coletiva – singular e universal – permitiu que se liberasse o pensamento reflexivo e, com isso, que se revertesse o espelhamento invertido no campo subjetivo da violência objetiva que pesa sobre eles, à qual se sobrepõe outra ordem de violência – a empreendida por projetos sociais que pretendem formar consciências e corpos "domesticados" para o mercado global.

Consideramos, nesse sentido, que um bom "antídoto" à violência desencadeada ao longo desses últimos trinta a quarenta anos nos subúrbios de metrópoles, como Nova York, Paris, Londres ou aquela que se verifica no confronto entre o tráfico e a polícia em cidades, como Rio e São Paulo, é a escuta dos reclamos dos jovens pobres, ne-

O QUE O RAP DIZ E A ESCOLA CONTRADIZ

gros e de outras etnias que têm sofrido com a lógica excludente da globalização e que tendem a fazer implodir, por meio de suas ações e atuações, os níveis de violência mencionados por Zizek (2008) – ou seja, a sistêmica, apontando as contradições da sociedade e a simbólica, ao denunciarem todo tipo de preconceito e discriminação – seja com suas manifestações de rua, mais ou menos violentas, seja por meio de suas músicas de protesto.

Por outro lado, as descontinuidades históricas geradas pela diáspora negra do Atlântico nas Américas criaram – na esteira do "*Keep on moving*", mencionado por Gilroy (2012), que propiciou a construção de identidades e culturas em movimento, deixando para trás, como afirma o autor, "os pressupostos do estado-nação" – as bases para a internacionalização da estética africanista do hip hop (OSUMARÉ, 2007), que se espalhou pelo mundo globalizado e a ele se opôs, ao se recriar de acordo com os matizes híbridos das culturas locais.

O debate teórico ensejado por todas essas questões suscitadas pela pesquisa de campo foi muito enriquecedor, assim como a leitura de algumas obras de Nietzsche, Bataille e Adorno, que nos impulsionou a percorrer diferentes interpretações e confrontações teóricas, procurando, desse modo, levar a sério o perspectivismo nietzschiano. Acreditamos, ainda, que esta leitura aberta, inclusive para novas interpretações, possa subsidiar um projeto de mudança "radical" a ser implementado no sistema público de ensino, se não quisermos perder a oportunidade de formar as novas gerações.

REFERÊNCIAS

ADORNO, T. W. (1947). *Dialética do esclarecimento*. Rio de Janeiro: Zahar, 1985.

_____. (1974). *Filosofia da nova música*. São Paulo: Perspectiva.

_____. (1995a). *Educação e emancipação*. Rio de Janeiro: Paz e Terra.

_____. (1995b). "O que significa elaborar o passado". In: ADORNO, T. W. *Educação e emancipação*. Rio de Janeiro: Paz e Terra, p. 29-49.

_____. (1967). "Sociology and Psychology (part I)". *New Left Review*, n. 46, p. 67-81.

_____. (1968). "Sociology and Psychology (part II)". *New Left Review*, n. 47, p. 79-97.

_____. (1970). *A teoria estética*. São Paulo: Martins Fontes, 1982.

AMARAL, M. do. (1997). *O espectro de Narciso na modernidade: de Freud a Adorno*. São Paulo: Estação Liberdade; Fapesp.

_____. (2010). *A trama e a urdidura entre as culturas juvenis e a cultura escolar: a "eróptica" como método de pesquisa e de ruptura de campo*. Tese (Livre Docência) – Faculdade de Educação, Universidade de São Paulo, São Paulo.

_____.(2011). "O rap, o hip-hop e o funk: a "eróptica" da arte juvenil invade a cena das escolas públicas nas metrópoles brasileiras". *Psicologia USP* (Impresso), v. 22, p. 593-620.

MÔNICA DO AMARAL

_____. (2010). *Rappers, os novos mensageiros urbanos da diáspora afro-brasileira na periferia de São Paulo: a contestação estético--musical que emancipa e educa.* Projeto de pesquisa apresentado ao Programa de "Políticas Públicas", Fapesp, São Paulo. (Processo: 2010/52002-9).

AMARAL, M. *et al.* (2006). *Culturas juvenis X cultura escolar: como repensar as noções de tradição e autoridade no âmbito da educação?* Projeto de Pesquisa apresentado ao Programa "Melhoria do Ensino Público", Fapesp, São Paulo. (Processo: 2006/52034-2).

_____. (2007). Relatório Científico Parcial do Projeto de Pesquisa *Culturas Juvenis X Cultura Escolar: como repensar as noções de tradição e autoridade no âmbito da educação?* Fapesp, São Paulo.

_____. (2008). Relatório Científico Final do Projeto de Pesquisa *Culturas Juvenis X Cultura Escolar: como repensar as noções de tradição e autoridade no âmbito da educação?* Fapesp, São Paulo.

_____. (2015). *O ancestral e o contemporâneo nas escolas públicas brasileiras: reconhecimento e afirmação de histórias e culturas urbanas negadas.* Projeto de pesquisa apresentado ao Programa de "Políticas Públicas", Fapesp, São Paulo. (Processo: 2015/50120-9).

AMARAL, M. do; SOUZA, M. C. C. C. de. (Orgs). (2011). *Educação Pública nas Metrópoles Brasileiras.* São Paulo: Paco Editorial/Edusp.

AMARAL, M. do; CARRIL, L. (Orgs.). (2015). *O hip hop e as diásporas africanas na modernidade: uma discussão contemporânea sobre cultura e educação.* São Paulo: Alameda.

AMARAL, M. G. T. *et al.* (2015). "O multiculturalismo contemporâneo nas escolas: reconhecimento e afirmação de histórias e culturas urbanas negadas". In: CONLAB – CONGRESSO LUSO-AFRO-BRASILEIRO, 12.; CONGRESSO DA ASSOCIAÇÃO INTERNACIO-

NAL DE CIÊNCIAS SOCIAIS E HUMANAS EM LÍNGUA POR-
TUGUESA, 1. Lisboa. *Livro de Atas...* Lisboa: Leading Congressos,
2015. p. 9399-9412.

ARENDT, H. (1992). *Entre o passado e o futuro.* São Paulo: Perspectiva.

ARRUTTI, J. M. (2010). "Os Pankararu em São Paulo". In: *Povos indígenas no Brasil.* São Paulo: Instituto Sócio Ambiental. Disponível em:
<http://pib.socioambiental.org/pt/povo/Pankararu/883>. Acesso
em: 22 jul. 2015.

ASSOUN, P.-L. (2008). *Freud et Nietzsche.* Paris: PUF.

BATAILLE, G. (1995). *Les larmes d'Éros.* Paris: Jean-Jacques Pauvert.

_____. (2003). *História do olho.* São Paulo: Cosac & Naif.

_____. (1943). *L'experience intérieure.* Paris: Gallimard.

BENJAMIN, W. (1936). A obra de arte na época de suas técnicas de
reprodução. In: _____ et al. *Textos escolhidos.* Tradução de J. L.
Grünnewald. São Paulo: Abril Cultural, p. 3-28. (Coleção Os pensadores)

BÉTHUNE, C. (2003). *Le rap: une esthétique hors de la loi.* Paris: Autrement.

_____. (2015). "Sobre os traços do rap". In: AMARAL, M. do; CARRIL,
L. *O hip hop e as diásporas africanas na modernidade: uma discussão contemporânea sobre cultura e educação.* São Paulo: Alameda,
p. 235-260.

BOSI, E. (1987). "Cultura e desenraizamento". In: BOSI, A. (Org.). *Cultura brasileira: temas e situações.* São Paulo: Ática.

BRASIL. Ministério da Educação. (2014). "Apresentação". *In:* _____.
Planejando a próxima década: conhecendo as 20 Metas do Pla-

MÔNICA DO AMARAL

no Nacional de Educação. Brasília: MEC/SASE. Disponível em: <http://pne.mec.gov.br/images/pdf/pne_conhecendo_20_metas. pdf>. Acesso em: 10 mar. 2016.

CARRIL, L. (2006). *Quilombo, favela e periferia: a longa busca de cidadania.* São Paulo: Annablume; Fapesp.

CANEVACCI, M. (2005a). *Culturas eXtremas: mutações juvenis nos corpos das metrópoles.* Rio de Janeiro: D. P.&A.

_____. (2005b). "Eróptica: etnografia palpitante para um olhar díspar". *Revista IDE*, n. 41, p. 91-96.

CERTEAU, M. (1995). *A cultura no plural.* São Paulo: Papirus.

CHANG, J. (2005). *Can't stop, won't stop: a history of the hip hop culture.* Intro. de DJ Kool Herc. Nova York: St. Martin's Press.

CONTIER, A. D. (2005). "O rap brasileiro e os Racionais MC's". In: SIMPÓSIO INTERNACIONAL DO ADOLESCENTE, 1., São Paulo. *Anais...* São Paulo: Faculdade de Educação da Universidade de São Paulo. Disponível em: <www.proceedings.scielo.br/scielo. php?script=sci_arttext&pid=MSC0000000082005000100010&lng =en&nrm=iso>. Acesso em: 03 fev. 2016.

DELEUZE, G. (1962). *Nietzsche e a Filosofia.* Porto: Rés.

DUARTE, R. (1978). "Esquematismo e semiformação". *Revista de Ciências da Educação*, v. I, n. 1, p. 441-457.

_____. (2007). "Sobre o constructo estético-social". *Revista Sofia*, v. XI, n. 17-18, p. 239-263.

DUBET, F. (1997). "Quando o sociólogo quer saber o que é ser professor?". *Revista Brasileira de Educação*, n. 5, p. 222-231.

O QUE O RAP DIZ E A ESCOLA CONTRADIZ

_____. (2004). "O que é uma escola justa?". *Cadernos de Pesquisa*, v. 34, n. 123, p. 539-555.

DOMINGUES, L. P. (2015). "Parque Oziel: revolução cultural". *Revista Caros Amigos*. Encarte Especial Educação – cultura e valorização nas escolas, n. 223, p. 18-19. Disponível em: <www.carosamigos. com.br/index.php/edicoes-anteriores/5583-encarte-educacao-caros-amigos-leitura>. Acesso em: 30 jan. 2016.

DUNCAN-ANDRADE, J. M. R.; MORREL, E. (2008). *Possibilities for moving from theory to practice in urban schools*. Nova York: Peter Lang.

FANON, F. (2008). *Pele negra, máscaras brancas*. Salvador: EDUFBA.

FERNANDES, A. C. F. (2014). *O rap e o letramento: a construção da identidade e a constituição das subjetividades de jovens na periferia de São Paulo*. 273 p. Dissertação (Mestrado em Educação) – Faculdade de Educação, Universidade de São Paulo, São Paulo, 2014.

FERNANDES, D. (2015). "Desemprego de jovens no Brasil deve superar média mundial, diz OIT". *BBC Brasil* [portal de notícias], 08 out. 2015. Disponível em: <www.bbc.com/portuguese/noticias/2015/10/151008_desemprego_oit_df_ab>. Acesso em: 30 jan. 2016.

FERREIRA, M. S. (2010). *A rima na escola, o verso na história: um estudo sobre a criação poética e afirmação étnico-social entre jovens de uma escola pública de São Paulo*. 171 p. Dissertação (Mestrado em Educação), Faculdade de Educação, Universidade de São Paulo, São Paulo, 2010.

_____. (2012). *A rima na escola, o verso na história*. São Paulo: Boitempo.

FEVORINI, L. F. (1998). *A autoridade do professor: um estudo das representações de autoridade em professores de 1o e 2o graus*. 116 p.

MÔNICA DO AMARAL

Dissertação (Mestrado em Psicologia) – Instituto de Psicologia da Universidade de São Paulo, São Paulo, 1998.

FREUD, S. (1914, 2001a). *Introducción del narcisismo*. Buenos Aires: Amorrortu. (Obras Completas, v. 12)

_____. (1914, 2001b). "Recordar, repetir y reelaborar". In: _____. *Introducción del narcisismo*. Buenos Aires: Amorrortu, p. 145-157. (Obras Completas, v. 12)

GATTI, L. (2009). *Constelações: crítica e verdade em Benjamin e Adorno*. São Paulo: Loyola.

GIACOIA JÚNIOR, O. (2005). *Nietzsche & Para além de bem e mal*. Rio de Janeiro: Jorge Zahar.

GILROY, P. (2012). *O Atlântico Negro: modernidade e dupla consciência*. São Paulo: Editora 34.

GOLDMAN, L.; ADORNO, T. W. (1975). "Discussion extraite des actes du Second Colloque International sur la Sociologie de la Littérature tenue à Royaumont". In: _____. *Lucien Goldman et la Sociologie de la Littérature: Hommage à Lucien Goldman*. Bruxela: Éditions de L'Université de Bruxelles. p. 33-50.

GONÇALVES FILHO, J. M. (1995). *Passagem para a Vila Joanisa: uma introdução ao problema da humilhação social*. Dissertação (Mestrado em Psicologia) – Instituto de Psicologia da Universidade de São Paulo, São Paulo, 1995.

HABERMAS, J. (2002). *O discurso filosófico da modernidade*. São Paulo: Martins Fontes.

HEIDEGGER, M. (2007). *Nietzsche*. Rio de Janeiro: Forense Universitária. v. 1-2.

HEGEL, G. W. F. (1974). *A fenomenologia do espírito*. Seleção, tradução e notas de Henrique Cláudio de Lima Vaz. São Paulo: Abril Cultural. p. 11-81. (Os Pensadores, v. XXX).

_____. (1939). *Phénoménologie de l'esprit*. Trad. par. J. Hyppolite. Paris: Aubier-Montaigne. Tomo I.

HERRMANN, F. (2001). *Andaimes do real: o método da psicanálise*. São Paulo: Casa do Psicólogo.

HOLANDA, S. B. de. (1997). *Raízes do Brasil*. São Paulo: Companhia das Letras.

HERSCHMANN, M. (2005). *O funk e o hip hop invadem a cena*. Rio de Janeiro: Ed. UFRJ.

HILL, M. L. (2014). *Batidas, rimas e vida escolar: pedagogia hip hop e as políticas de identidade*. Rio de Janeiro: Vozes.

IGLECIAS, W. "Impactos da mundialização sobre uma metrópole periférica". *Revista Brasileira de Ciências Sociais*, v. 17, n. 50, 2002. Disponível em: <www.scielo.br/scielo.php?script=sci_arttext&pid=S0102-69092002000300004&lng=&nrm=iso>. Acesso em: 30 jan. 2016. Doi: 10.1590/S0102-69092002000300004.

JEAMMET, P.; CORCOS, M. (2005). *Novas problemáticas da adolescência: evolução e manejo da dependência*. São Paulo: Casa do Psicólogo.

LARIEIRA, L. (2015). "Atraso escolar e trabalho forçam evasão na Educação Básica". *Empresa Brasil de Comunicação – EBC* [portal de notícias], 26 maio 2015. Disponível em: <www.ebc.com.br/educacao/2015/05/atraso-escolar-e-trabalho-forcam-evasao-na-educacao-basica>. Acesso em: 25 jul. 2015.

MÔNICA DO AMARAL

LIPOVETSKY, G. (1983). *L'ère du vide: essays sur l'individualisme contemporain*. Paris: Gallimard, 1993.

MAAR, W. L. (1995a). "À guisa de introdução: Adorno e a experiência formativa". In: ADORNO, T. W. *Educação e emancipação*. Rio de Janeiro: Paz e Terra. p. 11-28.

MACHADO, R. (2002). *Nietzsche e a verdade*. Rio de Janeiro: Rocco.

MARTINS, R. *O rap dos Racionais MC's em sala de aula como via de emancipação de jovens na periferia de São Paulo: análises de oficinas musicais com ênfase no rap*. 193 p. Dissertação (Mestrado em Educação) – Faculdade de Educação, Universidade de São Paulo, São Paulo, 2015.

MARTON, S. (2009). "Apresentação: a terceira margem da interpretação". In: MÜLLER-LAUTER, W. *A doutrina da vontade de poder em Nietzsche*. Tradução de Oswaldo Giacóia Junior. São Paulo: Annablume, p. 7-48.

MELO SOBRINHO, N. C. de. (2004). "A pedagogia de Nietzsche". In: NIETZSCHE, F. *Escritos sobre educação*. 2. ed. Rio de Janeiro: Ed. PUC-RJ/ Loyola. p. 7-39.

MILNITSKY-SAPIRO, C. (2006). *Uma questão de método*. Trabalho não publicado.

NAKASHIMA, E. Y. *Reatando as pontas da rama: a inserção dos alunos da etnia Pankararu em uma escola pública na cidade de São Paulo*. 255 p. Dissertação (Mestrado em Educação) – Faculdade de Educação, Universidade de São Paulo, São Paulo, 2009.

NIETZSCHE, F. (2004). "Sobre o futuro de nossos estabelecimentos de ensino". In: _____. *Escritos sobre educação*. 2. ed. Rio de Janeiro: Ed. PUC-RJ; Loyola, p. 41-137.

_____. (2008). *O nascimento da tragédia*. Tradução, notas e posfácio de J. Guinsburg. São Paulo: Companhia das Letras.

_____. (2001). *Além do bem e do mal*. São Paulo: Companhia das Letras.

_____. (2005a). *A visão dionisíaca de mundo*. São Paulo: Martins Fontes.

_____. (2005b). *Genealogia da moral*. São Paulo: Companhia das Letras.

_____. (2006). *Crepúsculo dos ídolos*. São Paulo: Companhia das Letras.

NOVAES, R. (2006). "Os jovens de hoje: contextos, diferenças e trajetórias". In: ALMEIDA, M. I. M. de. *Culturas jovens: novos mapas do afeto*. Rio de Janeiro: Jorge Zahar, p. 105-120.

OLIVEIRA, D. A. (2004). "A reestruturação do trabalho docente: precarização e flexibilização". *Educação & Sociedade*, v. 25, n. 89, p. 1127-1144.

ORTIZ, R. (2006). *A moderna tradição brasileira: cultura brasileira e indústria cultural*. São Paulo: Brasiliense.

OSUMARÉ, H. (2007). *The africanist aesthetic in global hip hop: power moves*. Nova York: Palgrave Macmillan.

_____. (2015). "Marginalidades conectivas do hip hop e a diáspora africana: os casos de Cuba e do Brasil". In: AMARAL, M. do; CARRIL, L. *O hip hop e as diásporas africanas na modernidade: uma discussão contemporânea sobre cultura e educação*. São Paulo: Alameda, p. 63-92.

PARO, V. H. (2012). *Gestão democrática da escola pública*. São Paulo: Ática.

PLANO Nacional de Educação: 2014-2024. (2014). Câmara dos Deputados, Brasília. Disponível em: <www.observatoriodopne.org.br/uploads/reference/file/439/documento-referencia.pdf>. Acesso: 30 jan. 2016.

_____. (2011). *Relatório das atividades do Casulo.* Disponível em: <www.projetocasulo.org.br/download/relatorio_casulo_web_ok.pdf>. Acesso em: 22 jul. 2015.

_____. (2008). *Perfil dos jovens das Comunidades do Real Parque e Jardim Panorama.* São Paulo: ICE.

_____. (2005). *Uma metodologia para formação de jovens pesquisadores – observatório de jovens: real panorama da comunidade.* São Paulo: ICE.

ROCHA, J. *et al.* (2001). *Hip hop: a periferia grita.* São Paulo: Fundação Perseu Abramo.

RODRIGUES, M. L. (2002). *Sociologia das profissões.* Oeiras, Portugal: Celta.

RODRIGUES, T. K. (2008). *A metamorfose de jovens lideranças que querem ser professoras: como a escuta analítica propicia a potência crítica da práxis.* 212 p. Dissertação (Mestrado em Educação) – Faculdade de Educação, Universidade de São Paulo, São Paulo, 2008.

SÃO PAULO (Município). Secretaria Municipal de Educação. (2014). *Edital de credenciamento nº 002/2014.* São Paulo: SME/DOT/Núcleo de Educação Étnico-Racial. Disponível em: <portalsme.prefeitura.sp.gov.br/Documentos/DOC_NOTICIAS/credenc_art.pdf>. Acesso em: 10 mar. 2016.

SASSEN, S. (2011). "Entrevista". *O Estado de São Paulo,* Caderno Aliás, 25 dez. 2011, p. J3.

SCHWARZ, R. (1997). *As duas meninas*. São Paulo: Companhia das Letras.

TAXA de desemprego juvenil é o triplo da de adultos na América Latina. (2014). *G1* [portal de notícias]. Disponível em: <http://g1.globo.com/economia/noticia/2014/02/taxa-de-desemprego-juvenil-e-o-triplo-da-de-adultos-na-america-latina.html>. Acesso em 13 fev. 2014.

TONI, C. (2009). *Hip hop a lápis: a literatura do oprimido*. São Paulo: Edições Ideal.

ZELCER, M. (2006). "Novas lógicas e representações na construção das subjetividades: a perplexidade na instituição educativa". In: AMARAL, M. do. (Org.). *Educação, psicanálise e direito: combinações possíveis para se pensar a adolescência na atualidade*. São Paulo: Casa do Psicólogo. p. 101-132.

ZIZEK, S. (2008). *Violence*. Nova York: Picador.

CDs:

BROWN, Mano. "Pânico na zona sul". In: RACIONAIS MC'S. *Holocausto Humano*. RDS Fonográfica, Zimbabwe Records, 1990. 1 LP. Lado A, faixa 1 (4:34). Estéreo.

MC's, Racionais. "Vida Loka (parte II)". In: RACIONAIS MC'S. *Sobrevivendo no inferno*. Cosa Nostra fonográfica, 1997. 1 CD (72 min). Faixa 3 (8'09 min). Digital estéreo.

FOLHETO de Versos:

Cesário, Diógenes e Gabriel. (2008). *Realidade, não fantasia!*. São Paulo: FEUSP, p. 29-30.

DVDs:

SOU FEIA, MAS TÔ NA MODA. Direção: Denise Garcia. Imovision. Brasil, 2007. DVD (61 min), Color.

POETAS DO REPENTE. Recife: Fundação Joaquim Nabuco. Massangana, 2008 (Contém livro didático, DVD e CD).

ANEXO I

Questionário para os alunos

EMEF José de Alcântara Machado Filho
1º nome: _____ Série: _____ Idade: _____
Bairro: ( ) Real Parque ( ) Jardim Panorama ( ) Paraisópolis
( ) Outros. Qual? _____

1. Em que cidade você nasceu? E os seus pais?
2. Descreva sua família. Como é seu relacionamento com seus pais?
3. O que a escola representa para você hoje?
4. Quais as dificuldades que você enfrenta no mundo de hoje?
5. Quais os movimentos culturais presentes em sua comunidade?
Com quais deles você se identifica?
6. Você participa de algum destes movimentos? De que forma?
7. Que cantores ou grupos musicais você mais gosta? Cite uma frase
ou trecho de música que mais chama a sua atenção.
8. Você conhece os Pankararus? O que sabe sobre eles?
9. O que você conhece sobre a cultura negra?
10. Nessa escola, você encontra espaço para se manifestar culturalmente? Como? Caso contrário, o que você sugere?
11. Quais mudanças você sugere para que a escola melhore?
12. Como você imagina seu futuro? Tem algum objetivo na vida?
13. O que você pode fazer para atingir esses objetivos?
14. Como o professor e a escola podem contribuir para o seu futuro?

APÊNDICE

Estudo recente sobre as culturas juvenis

O capítulo seguinte foi introduzido de maneira a atualizar as discussões apresentadas neste livro, tomando em consideração a pesquisa que sucedeu a esta sob o título Rappers, *os novos mensageiros urbanos na periferia de São Paulo: a contestação estético-musical que emancipa e educa*, que foi desenvolvida durante dois anos em uma ONG da zona sul da cidade de São Paulo, Casa do Zezinho e, posteriormente na Escola de Aplicação da USP e na EMEF Amorim Lima, nas quais esperávamos nos deparar com um ensino relevante para os alunos.

Cap. I. Expressões estéticas contemporâneas de resistência da juventude urbana e a luta por reconhecimento – uma leitura a partir de Nietzsche e Axel Honneth[1]

> *Onde um homem chega à convicção fundamental de que é preciso que mandem nele, ele se torna "crente"; inversamente, seria possível um prazer e força de autodeterminação, uma liberdade da vontade, em que um espírito se despede de toda crença, de todo desejo de certeza, exercitado, como ele está, em poder manter-se em leves cordas e possibilidades, e mesmo diante de abismos dançar ainda. Um tal espírito seria o espírito livre par excellence[2].*
>
> F. Nietzsche, *A gaia ciência* (Aforismo 347)

Inicio este artigo pela epígrafe acima de Nietzsche para pensar em que bases se construiu a Razão Ocidental, cujo poder de esclarecimento há muito se esgotou e deu origem ao monoculturalismo e à hegemonia cultural eurocêntrica e posteriormente, estadunidense[3] –

---

1   Este artigo foi publicado em: *Revista IEB*, São Paulo, n. 56, p. 73-100, 2013.

2   NIETZSCHE, Friedrich. *A gaia ciência*. Seleção de textos de Gerard Lebrun. 3ª ed. São Paulo: Abril Cultural, 1983a. Aforismo 347, p. 215. (Coleção Os Pensadores)

3   Rodrigo Duarte em seu artigo, "Indústria cultural hoje", sustenta que a grande mudança em relação a setenta anos atrás, quando pela primeira vez foi mencionado o termo indústria cultural pelos filósofos Theodor Adorno e Max Horkheimer, (*Dialética do esclarecimento* (1947). Trad. Guido Antonio de Almeida. Rio de Janeiro: Zahar, 1985, p. 113-156) é que houve um novo

verificada com a expansão da indústria cultural americana pelo mundo – assim como à exploração socioeconômica no pós-colonialismo. O que se entende por "espírito livre"? De acordo com o filósofo alemão, seria atribuído a todo aquele que se libertasse das amarras da coletividade, do pensamento "rebanho" e expressasse a singularidade de seu ser. Giacoia[4] sustenta que os espíritos *muito* livres, os filósofos do futuro, permanecerão "amantes da verdade" (fiéis à filo sofia), e necessitariam de uma "nova atmosfera espiritual" que somente o "aprofundamento do programa do esclarecimento" tornaria possível. Mas não seriam dogmáticos, como se pode verificar no Aforismo 43 de *Além do bem e do mal*: "Ofenderia seu orgulho, e também seu gosto, se a sua verdade fosse tida como verdade para todos: o que sempre foi, até hoje, desejo e sentido oculto de todas as aspirações dogmáticas [...]. É preciso livrar-se do mau gosto de querer estar de acordo com muitos".[5]

---

avanço no processo de mundialização entre os anos 1980 e 1990, consolidada com o fim do bloco soviético, que tornou a ideia de McLuhan de "aldeia global" realidade efetiva. No entanto, ao contrário do que previu o filósofo canadense, a globalização dos meios de comunicação não se deu de forma recíproca. Basta observar a crescente estadunização particularmente dos programas televisivos em todo o mundo, atingindo em grande parte a Europa (em 1991, atingia cerca de 30%, chegando na Alemanha a 67%). Dentre os países menos desenvolvidos da Ásia e da América Latina, o índice era muito maior. In: DURÃO, F. A.; ZUIN, A. A. S.; VAZ, A. F. (Orgs.). *A indústria cultural hoje*. São Paulo: Boitempo, 2008, p. 97-110).

4 GIACOIA JÚNIOR, Oswaldo. *Nietzsche & Para além de bem e mal*. 2ª ed. Rio de Janeiro: Jorge Zahar, 2005, p. 33.

5 NIETZSCHE, Friedrich. *Além do bem e do mal: prelúdio a uma filosofia do futuro (1885/1886)*. Tradução, notas e posfácio de Paulo César de Souza. São Paulo: Companhia das Letras, 2005, p. 44.

Scarlett Marton[6] considera que muitos dos impasses preconizados por Nietzsche com o advento da modernidade remetem necessariamente à crise da tradição socrático-platônica, presente no cristianismo e em todas as formas de secularização modernas, cujos ídolos – o Estado, as instituições, a moral, as ilusões da filosofia, a verdade – Nietzsche teria pretendido destruir a "marteladas". Martelo que pode ser compreendido como "marreta", mas também como "diapasão" para diagnosticar o seu vazio, segundo Paulo César de Souza (2006),[7] ou seja, o declínio de todos os valores sustentados até então. Segundo Giacoia,[8] Nietzsche visualiza um novo homem, capaz de "tomar o martelo e o cinzel para esculpir a figura do futuro humano na história. Esse é o assustador limiar de autodeterminação em que se coloca a modernidade". E o niilismo, resultante do processo de desvalorização de todos os valores em curso da modernidade, a partir do qual Nietzsche defende como antídoto a ideia de "estética extrema", apoiada em afecções fortes, de onde se promoveria a "transvaloração de todos os valores". São ideias identificadas por Heidegger,[9] particularmente desde o *Crepúsculo dos ídolos.*[10]

---

6   MARTON, Scarlet. "O homem que foi um campo de batalha". In: NIETZSCHE, Friedrich. *O anticristo.* Trad. de Noéli Correia de Melo. São Paulo: Martin Claret, 2005, p. 11-19.

7   SOUZA, Paulo Cézar de. "Posfácio". In: NIETZSCHE, Friedrich. *Crepúsculo dos ídolos.* São Paulo: Companhia da Letras, 2006, p. 139-141.

8   GIACOIA JÚNIOR, Oswaldo. *Nietzsche & Para além de bem e mal, op. cit.,* p. 51.

9   HEIDEGGER, M. *Nietzsche.* Trad. Marco Antonio Casanova. Rio de Janeiro: Forense Universitária, 2007, v. 1.

10   NIETZSCHE, Friedrich. *Crepúsculo dos ídolos* (1888). Tradução, notas e posfácio de Paulo César de Souz, *op. cit.*

Na esteira dessas ideias, eu me pergunto a propósito do mundo contemporâneo: quem seria hoje porta-voz do "espírito livre", que de posse dessa marreta/diapasão diagnosticaria o vazio de nossa sociedade? E ainda, seria capaz de afirmar o negado por essa mesma sociedade e romper as amarras territoriais e urbanas, identitárias e étnicas, sociais e culturais, fazendo emergir as vozes abafadas da juventude periférica de todo o mundo na era global?

Tenho sustentado, com base em nossas pesquisas sobre o hip hop,[11] que justamente os rappers, com sua crítica ousada e "estridente" dirigida ao mundo estabelecido global e excludente, sejam, não apenas os "novos cronistas da modernidade", como sustentara Contier,[12] mas os "novos críticos niilistas" do mundo contemporâneo, uma vez que não acreditam mais nos valores que sustentam nossas instituições e muito menos naqueles que alimentam a velha instituição escolar, com suas concepções, muitas vezes, ultrapassadas do que seja conhecimento "sério, erudito e/ou científico".

Scarlett[13] nos relembra que Lebrun, por sua vez, que fora responsável pela formação de toda uma geração de filósofos no Brasil, sustentara que não se devia interpretar as ideias de Nietzsche como se

---

11 Refiro-me particularmente à pesquisa, sob o título: *Rappers, os novos mensageiros urbanos na periferia de São Paulo: a contestação estético-musical que emancipa e educa, op. cit.*

12 CONTIER, A. D. (2005). "O rap brasileiro e os Racionais MC's". In: *Anais 1 Simpósio Internacional do Adolescente*. São Paulo: Faculdade de Educação da Universidade de São Paulo. Disponível em Scielo (Scientific Eletronic Library Online): <www.proceedings.scielo.br/scielo.php?script=sci_arttext&pid=MS C000000008200500010010&lng=en&nrm=iso>. Acesso em: set. 2013.

13 MARTON, Scarlet. "Pontos de inflexão acerca da recepção de Nietzsche na Itália". In: _____. (Org.). *Nietzsche pensador mediterrâneo: a recepção italiana*. São Paulo: Discurso; Ijuí, RS: Unijuí, 2007, p. 13-68.

fosse um sistema filosófico a ser decifrado, mas sim considerá-lo "um instrumento de trabalho insubstituível" de leitura de mundo, e por isso, seria muito mais importante "pensar com ele".

Acredito que esta tem sido a orientação de nossas pesquisas: pensar um fenômeno atual como o hip hop em companhia das reflexões de Nietzsche,[14] ou conectá-los com esses fenômenos da cultura juvenil contemporânea, por meio dos quais faríamos passar o seu pensamento, procurando assim elucidar o modo como os mesmos incitam, à semelhança do que propusera esse pensador, "a transvaloração dos valores" vigentes em nossa sociedade. Ao que acrescentaria: sobretudo frente a um mundo incapaz de admitir a heterogeneidade, que tendeu a se acentuar com a política pós-colonial predominantemente diaspórica.

Desta vez, proponho-me a articular ao debate ensejado por Nietzsche para pensar questões contemporâneas relativas à nossa cultura – cujos valores têm sido denunciados pelos rappers por meio de uma crítica cortante – outro ângulo da discussão filosófica, introduzida por Axel Honneth.[15] Este, tendo sido assistente de Habermas, traz uma contribuição no sentido de fazer avançar o debate sobre a razão instrumental denunciada pelos frankfurtianos e até mesmo de ação social tal como proposta por Habermas, admitindo, entretanto, o conflito social como central para repensá-la e cuja gramática moral é a "luta por reconhecimento".

---

14 Refiro-me à minha tese de livre-docência, *A trama e a urdidura entre as culturas juvenis e a cultura escolar: a "eróptica" como método de pesquisa e de ruptura de campo.* 338 f. Tese (Livre-Docência) – Faculdade de Educação, Universidade de São Paulo, São Paulo, 2009.

15 HONNETH, Axel. *Luta por reconhecimento: a gramática moral dos conflitos sociais.* Trad. Luiz Repa. São Paulo: Editora 34, 2003.

Embora seja possível depreender das denúncias de rappers, como os Racionais MC's e Z'África Brasil, dentre outros, uma ruptura quase que total com a moralidade vigente, bem como com os valores que a sustentam, aproximando-se das posições niilistas de Nietzsche, pareceu-me útil recorrer ao debate sobre a "luta por reconhecimento", tal como propõe Honneth,[16] cujas formulações teóricas pressupõem, como veremos, uma confiança ainda que paradoxal no poder de esclarecimento da Razão, ideia presente na tradição filosófica frankfurtiana.

Uma cena comum na periferia

Uma brecada brusca...
Dois tiros, o barulho de uma moto em fuga...
um cachorro latindo e um galo cantando...
Depois, ouve-se o despertador tocar, após o qual, somos apresentados à rádio Êxodus. Ao som do piano, ouvimos: "Bença, Mãe! Estamos iniciando nossas transmissões... Essa é a sua rádio, Êxodus, Hei! Hei!".
Em seguida, ergue-se a voz providencial de Mano Brown: "Vamo acordá, vamo acordá...".

O sol não espera, demorô... o tempo não cansa...
Ontem à noite você pediu, uma oportunidade, mais uma chance...
Como Deus é bom, não é não, nego? Mais um dia todo seu... céu azul loko, hem?

"Vamo acordá, vamo acordá..."

---

16 *Idem, ibidem.*

Agora vem com a sua cara

Sou mais você nessa guerra...

A premissa é inimiga da vitória, o fraco não tem espaço, e o covarde morre sem tentar...

Não vou te enganar... O bagulho tá doido, ninguém confia em ninguém, nem em você... Os inimigo vêm de graça... é a selva de pedra... eles matam os humildes demais

Você é do tamanho do seu sonho

Faz o certo, faz a sua...

"Vamo acordá, vamo acordá..."

Cabeça erguida, olhar sincero

Tá com medo de quê?

Nunca foi fácil, junta os seus pedaços e desce pra arena

Mas lembre-se: Aconteça o que aconteça, nada como um dia após outro dia...

(Racionais MC's. "Sou + você". *Chora agora, ri depois* (2006), relançado em 2011)

Iniciam-se as batidas de rap e o grupo anuncia: "É nóis mesmo vagabundo!".

E assim somos jogados no "coração da ação" dos "periféricos" de São Paulo, em meio à "selva de pedra" descrita na primeira letra do CD dos Racionais MC's – *Chora agora, ri depois* (2006) –, onde se equilibram, no limiar entre a vida e a morte, centenas de jovens pobres, na sua maioria negros, em meio à guerra que se instaurou entre a polícia e os traficantes, dando lugar a chacinas que há muito vêm abalando a periferia desde os anos 1980,[17] incansavelmente denunciadas pelos rappers. Não se pode esquecer da quantidade de homicídios cometidos contra jovens moradores da periferia de São Paulo, envolvendo, dentre eles, rappers, como DJ Lah,[18] em cujas músicas vinha denunciando a violência da polícia; ou mesmo daqueles que ousaram filmar a execução de um jovem dentro do carro da PM – cenário tenebroso em São Paulo que se estende desde outubro de 2011, como parte de um acerto de contas entre o PCC e a polícia militar da cidade.

No trecho acima da letra dos Racionais MC's, em ritmo de "canto falado" – uma marca do estilo musical assumido pelo rap –

---

17 Em uma oficina realizada com os jovens na CZ, um de nossos pesquisadores, Djalma Leite, ao apresentar "Pânico na Zona Sul", uma música dos Racionais MC's (1990), esclareceu-nos que a letra trazia em seus versos o pânico relacionado à presença de matadores de aluguel na Zona Sul da cidade de São Paulo. Comentou sobre a história do cabo Bruno, policial que, nos anos 1980, liderou um grupo de extermínio em bairros periféricos da cidade.

18 No início de dezembro, assistimos à substituição do secretário de Segurança Pública de São Paulo, tendo sido empossado Fernando Grella Vieira. Este assumiu a direção do órgão dizendo considerar inaceitável a taxa paulista de letalidade policial: 447 pessoas morreram supostamente em tiroteio com PMs de outubro de 2011 a setembro de 2012 (em entrevista concedida ao jornal *O Estado de S. Paulo*, caderno "Metrópole", p. C1, 8 dez. 2012). Só em 2012, foram registradas 24 chacinas em São Paulo. No entanto, um mês depois, foi noticiada outra chacina, a qual suspeita-se ter sido cometida pela polícia. Dentre eles, encontrava-se o DJ Lah, admirado por seu trabalho com crianças e jovens da periferia da Zona Sul de São Paulo. Em seu enterro estiveram Mano Brown, considerado "pai" de uma geração significativa de rappers, e um dos principais escritores da periferia paulistana, Reginaldo Ferreira da Silva, Férrez, autor de *Capão pecado*. Este sustentou que na Zona Sul, região mais atingida por esses assassinatos, a população estava no "limite da opressão". "Estamos em uma ditadura, no limite da opressão. Nos bairros ricos, a polícia dá bom dia, dá boa tarde. Aqui, ela mata", disse no velório.

evidencia-se como esses músicos fazem para alertar o jovem negro[19] e pobre, morador da periferia, sobre a importância da vida nesse cenário devastador. Ao mesmo tempo em que denunciam nada existir para protegê-lo, a não ser a consciência de que tem o direito de permanecer vivo e sonhar, desloca-nos a todos, do centro para a periferia. Promove verdadeiros "atos de linguagem",[20] ao empregar todos os recursos sonoros necessários para retratar a violência e os abusos da polícia que grassam na periferia.

Segundo Béthune,[21] "o rapper não fala *da* realidade, ele fala *na* realidade e, colocando-se no coração da ação, ele transforma fortemente sua fisionomia". É com tal realismo que tudo isso ocorre, que, muitas vezes, suas músicas são confundidas com uma verdadeira incitação à violência e ao crime. Mas é a revolução que nos espera... No ano passado, Mano Brown, em seu clipe sobre o Marighella, fez uma verdadeira convocação revolucionária da periferia, como estratégia de fazer ouvir esses jovens que vêm sendo sumariamente exterminados.[22]

---

19 É preciso salientar que uma pesquisa nacional sobre a violência realizada por Júlio Jacobo Waiselfsz, que foi publicada no livro *Mapa da violência* 2011 (2011), constatou que, em 2008, por exemplo, a violência, resultando em morte, atingiu 103% mais negros do que brancos. Embora esta diferença já existisse, há dez anos era de 20%.

20 Trata-se de um termo empregado por Christian Béthune (*Le Rap: une esthétique hors de la loi*. Paris: Autrement, 2003) para se referir ao caráter mimético e dramático da linguagem empregada pelos rappers.

21 BÉTHUNE, Christian. *Le Rap: une esthétique hors de la loi, op. cit.*

22 Em nosso trabalho de oficinas de rap oferecidas aos jovens do Capão Redondo, na ONG CZ, apresentamos o clipe de autoria de Mano Brown, *Marighella* (2012), para provocar uma discussão sobre as possíveis relações entre as lutas empreendidas por lideranças revolucionárias no passado e o papel exercido pelos rappers hoje na periferia. No clipe, o rapper recorre à imagem histórica do guerrilheiro que lutou contra a ditadura de Vargas e

O QUE O RAP DIZ E A ESCOLA CONTRADIZ

Em seguida ao trecho da música mencionado acima, uma voz rouca e irônica de uma "criança sarcástica", acompanhada das batidas de rap e de um coro de mulheres, estilo gospel, deixa claro a quem se dirige a mensagem da rádio Êxodus:

"Você está nas ruas de São Paulo, onde o vagabundo guarda o sentimento na solo do pé. Não é pessimismo, não, é assim que é... É doce veneno... Viajei e voltei pra você... Votei pelos loko, votei pelos pretos, pelas verde, consequentemente."

Entre um tom jocoso e sonhador, faz um "salve" aos avanços da sociedade tecnológica: "Ei, você sonhador que ainda acredita... Viva nóis... Eu tenho fé e amor no século XXI, onde as conquistas, científica, espaciais, medicinais e a confraternização dos homens e a humildade de um rei serão as armas da vitória para a paz universal..."

Ou seja, se quisermos sobreviver como cidade, sociedade e civilização, é preciso voltar nossa atenção para essas populações historicamente excluídas e mais, que estão nas mãos de um Estado e polícia cuja ação conjugada tem sido pautada pela violência e arbitrariedade. E mesmo assim, é preciso manter a "esperança de uma paz universal". Noutro clipe há pouco mencionado, Mano Brown se apresenta como o novo Marighella da periferia, que luta pelo reconhecimento da juventude excluída de nosso país e ultimamente, ao direito à vida, nem que para isso sejam necessárias as armas.

Como é possível pensar o rap com Nietzsche

Em contraposição à moral "socrático-platônica-cristã", segundo Giacoia,[23] para o filósofo alemão não existe a moral, mas inúmeras mo-

---

depois contra a ditadura militar, para convocar os jovens negros da periferia ao levante, como fizera o líder revolucionário no passado.

23 GIACOIA JÚNIOR, Oswaldo. *Nietzsche & Para Além de bem e mal, op. cit.*

dalidades de moral. Ideia defendida por ele em sua própria tentativa de construir uma tipologia da moral, com as designações de moral dos senhores e de escravos, dos fortes e de rebanho. Referindo-se à obra *Além do bem e do mal*, o autor reconhece que Nietzsche combina as perspectivas histórica e psicológica e detecta diferentes moralidades, resultantes de momentos distintos de cristalização de tais perspectivas.

É preciso atentar para o modo pelo qual se expressa a crítica nietzschiana, entre um tom jocoso, irônico e estridente, que, como salienta Giacoia[24], foi a forma encontrada pelo filósofo de radicalizar sua crítica à crença iluminista em qualquer forma de progresso ou de acesso à verdade pelo esclarecimento ou iluminação da consciência. No entanto, a paz e a felicidade alcançadas se dariam segundo a perspectiva da moral de rebanho: "do bem estar, do conforto, da ausência de riscos, de perigos, de extremos".[25]

Ao analisar o tom sarcástico e áspero adotado pelos Racionais MC's para se referir aos avanços tecnológicos, logo depois de sermos jogados no meio de um cenário em que a vida é o limite perante a iminência da "morte anunciada" dos jovens periféricos, evidencia-se quão atual é a crítica de Nietzsche à crença iluminista no progresso tecnológico, bem como no poder de esclarecimento da consciência. E de como se faz necessário o recurso à ironia e a expressões "estridentes" como "moral de rebanho" para "acordar" a sociedade. Mano Brown faz uso desde os ruídos da periferia, até de uma convocação performática, em estilo "canto falado", para "acordar" tanto o jovem em perigo, quanto todos os demais que vivem a "paz e a felicidade"

---

24 GIACOIA JÚNIOR., Oswaldo. "5 Lições sobre Nietzsche". *Site da Área Sociedade e Cultura*. Disponível em: <www.cefetsp.br/edu/eso/filosofia/aula-nietzschegiacoia1.html>. Acesso em: set. 2013.

25 Ibid., 1ª Lição, p. 13.

O QUE O RAP DIZ E A ESCOLA CONTRADIZ

das regiões privilegiadas da cidade, permeadas pelo conforto e a ausência de riscos. O que o coloca na vanguarda da música produzida na contemporaneidade.[26]

As imagens de forte e fraco, senhor e escravo a que recorre Nietzsche ao longo de sua obra seguem na contramão das ideias modernas e por isso, para alguns, suas opiniões e avaliações nesse sentido são consideradas conservadoras, ao assumir a perspectiva aristocrática, como sugere, por exemplo, o filósofo Ansell-Pearson. O autor considera que essa visão política de Nietzsche a respeito de uma "renovada cultura trágica e aristocrática" se vê, entretanto, abalada pela própria noção da legitimidade da modernidade. Questiona-se em que medida seria possível uma disciplina política aristocrática sem produzir ressentimento. Sustenta, nesse sentido, que a própria genealogia da moral empreendida por Nietzsche torna discutível seu posicionamento subjacente às imagens de forte e fraco, de senhor e de escravo, ao supor que a moralidade é uma recusa à vida e que esta é fundamental-

---

26 A esse respeito, há todo um debate que é retomado por Wisnik, em seu livro *O som e o sentido* (2007), em que nos adverte que, em todo caso, toda música estará sempre dialogando "com o ruído, a instabilidade, a dissonância". A música contemporânea, aliás, segundo o autor, torna bastante tênue o limiar entre som e ruído, ao contrário do que concebiam portugueses e brasileiros na época colonial e ainda hoje pensam aqueles que têm uma escuta voltada apenas para uma determinada tradição ocidental da música considerada erudita. O autor explicita que na música contemporânea há dois níveis diferenciados de manifestação do ruído: "a própria textura interna à linguagem musical, e a eclosão espetacular de ruidismos externos, como índices do habitat urbano-industrial, a metrópole chocante" (WISNIK, José Miguel. *O som e o sentido: uma outra história das músicas.* São Paulo: Companhia das Letras, 1989, p. 44). Nas bases de rap, empregam-se, além de ruídos urbanos, sons produzidos por *scratch*, em que o DJ produz um som distorcido com a fricção da agulha no vinil, produzindo ruído e ritmo ao mesmo tempo.

MÔNICA DO AMARAL

mente amoral, chegando a sustentar que "onde falta vontade de poder, há declínio".[27] Segundo ele, a perspectiva histórica implícita em sua genealogia da moral abre caminho para a interpretação de que também a revolta dos escravos representa uma vontade de poder. Observa ainda que "a revolta dos escravos na moralidade não é apenas uma revolta contra a 'vida' mas antes uma revolta contra certa forma particular de vida, de opressão política e alienação religiosa...".[28]

Mas a qual moralidade Nietzsche está se referindo ao associá-la à "recusa à vida", senão a moralidade socrático-platônica ou o "platonismo do povo" – o cristianismo?

A meu ver, embora as questões levantadas por Ansell-Pearson possam se colocar do ponto de vista histórico, não há como desvincular esta dimensão da perspectiva psicológica. Como se pode observar no Aforismo 23, de *Além do bem e do mal*, Nietzsche[29] denuncia o aspecto moralizante que acompanhou a psicologia até então – quando, por exemplo, denuncia que a mesma até então não ousara "*descer às produndezas*", por ter ficado presa a "*preconceitos e temores morais*" – e se propõe a construir uma psicologia movida por uma "morfologia e uma teoria da evolução da vontade de poder".[30] Daí, sim, a psicologia se converterá no caminho para a resolução dos problemas fundamentais, segundo Nietzsche.

---

27 *Apud* ANSELL-PEARSON, Keith. *Nietzsche como pensador político: uma introdução*. Rio de Janeiro: Jorge Zahar, 1997, p. 169.

28 ANSELL-PEARSON, Keith. *Nietzsche como pensador político: uma introdução, op. cit.*, p. 169.

29 NIETZSCHE, Friedrich. *Além do bem e do mal: prelúdio a uma filosofia do futuro, op. cit.*, p. 27.

30 *Idem, ibidem*, p. 27.

O QUE O RAP DIZ E A ESCOLA CONTRADIZ

De acordo com Giacoia, na verdade, do ponto de vista histórico-social, Nietzsche teria se antecipado à crítica empreendida por T. W. Adorno e Max Horkheimer à crença emancipatória na Razão Ocidental Iluminista, que continua "cega e cruel, alienante e desumana".[31] Sua menção ao espírito aristocrata se faz no sentido de buscar inspiração para pensar as condições de grandeza necessárias à elevação do Homem para além do Homem (rebanho). Mas há ainda o sentido psicológico, metafórico e espiritual: quando o sentido de escravidão é associado ao conflito entre as instâncias psíquicas, como condição de diferenciação e de opressão no interior do indivíduo. Por fim, leva-nos a crer que a história da cultura superior não se faz apartada da sublimação da crueldade, ou como salienta Giacoia da história de sua "interiorização e espiritualização".[32] Está se referindo ao que depois será objeto de extensa reflexão por parte de Freud, em *O mal-estar na civilização*[33]– ou seja, o sentimento de culpa que subjaz à cultura ocidental.

Ainda a propósito da letra do rap dos Racionais MC's, "Sou mais você", depreende-se que é preciso ser forte para enfrentar a "selva de pedra" da megalópole excludente, como se pode observar no seguinte trecho: "A premissa é inimiga davitória, o fraco não tem espaço, e o covarde morre sem tentar... Cabeça, erguida, olhar sincero... Tá com medo de quê?/ Faz o certo, faz a sua", aconselha Mano Brown.

---

31 GIACOIA JÚNIOR, Oswaldo. *Nietzsche & Para além de bem e mal, op. cit.*, p. 61.

32 *Idem, ibidem*, p. 62.

33 FREUD, Sigmund. "El malestar em la cultura (1930)". Trad. de José L. Etcheverry. In: *Obras completas Sigmund Freud.* (1927-1931). Buenos Aires: Amorrortu, 2001, v. 21, p. 57-140.

MÔNICA DO AMARAL

Eis a força da autodeterminação de que fala Nietzsche a propósito do "espírito livre". Mas, depois de quinhentos anos de opressão, como pode um afrodescendente exercitar sua autonomia? E libertar-se inclusive desta outra opressão que nos é incutida pela via da interiorização da crueldade, sob a forma de sentimento de culpa, o qual o cristianismo tratou de consolidar?

Nietzsche, ao defender o descentramento da razão e da consciência, antecipou não apenas as descobertas do inconsciente como ofereceu as bases para se pensar outra ordem de retorno do reprimido preconizado pela psicanálise freudiana – as culturas e subjetividades recalcadas pelas representações do monoculturalismo ocidental. É preciso observar que a vontade de poder defendida por Nietzsche e, particularmente, o seu desdobramento no perspectivismo – em que combina as dimensões histórica e psicológica, de onde derivariam diferentes morais – "rompem-se os grilhões que prendiam a consciência filosófica ao 'tu deves' incondicional vigente na moral cristã", ao mesmo tempo em que denuncia a "cumplicidade entre a moral cristã e o projeto político da modernidade".[34] Ora, contrariamente à exigência de obediência e de coerção adscritas à moralidade, Nietzsche propõe uma consciência filosófica "livre e libertadora", da qual me parecem ter-se imbuído rappers, como os Racionais MC's e Z'África Brasil, cujos chamados à humanidade não se fazem apartados de "atos supremos de autoexame", como salientara Ansell-Pearson a propósito do projeto político de Nietzsche. Esse autor diz o seguinte a respeito: "Seu método de reflexão política dirige-se não exatamente aos indivíduos, mas à humanidade. Sua exigência de uma reavaliação de todos os valores requer que os se-

---

34 GIACOIA JÚNIOR, Oswaldo. *Nietzsche & Para além de bem e mal, op. cit.*, p. 47.

res humanos realizem atos de supremo autoexame".[35] E o faz a partir da experiência do nada (*nihil, das Nichts*), sendo este o desafio proposto por Nietzsche, segundo o autor, para repensar os limites impostos pela crise da modernidade. Pergunta-se, nesse sentido:

> Como se pode resistir ao niilismo? Como pode ser suportado? Pode ser superado, ou devemos nos submeter a ele? Talvez o novo possa recomeçar quando o homem se deslocar do centro e aguardarmos, com o devido cuidado e uma atenta responsabilidade, a chegada da época do pós-homem. Quem transmitirá esse destino à humanidade? A própria humanidade?[36]

Se atentarmos para a ambiguidade sugerida pelo verso do rap, "Sou + você", dos Racionais MC's, mencionado anteriormente: "Eu tenho fé e amor no século XXI, onde as conquistas, científica, espaciais, medicinais e a confraternização dos homens e a humildade de um rei serão as armas da vitória para a paz universal", não há aí o exercício de construção de um novo projeto para a humanidade? E assim o fazem no mesmo momento em que derrubam toda crença possível na autossuperação desta última.

Para se compreender esta e outras questões nos foi fundamental a discussão trazida por Carril,[37] muito atual, aliás, a respeito da

---

35 ANSELL-PEARSON, Keith. *Nietzsche como pensador político: uma introdução, op. cit.*, p. 170.

36 *Idem, ibidem*, p. 170-171.

37 CARRIL, L. *Quilombo, favela e periferia: a longa busca de cidadania*. São Paulo: Annablume; Fapesp, 2006.

MÔNICA DO AMARAL

territorialidade,[38] concebida pela autora como a relação de forças e de lutas sociais sobre o espaço urbano, sobretudo quando analisa o reaparecimento da ideia de quilombo em letras de rap.[39]

O quilombo no rap: por uma territorialidade urbana libertária

Carril esclarece tratar-se – como fora no passado para os escravos que lutaram por sua liberdade, reapropriando-se da memória social e sentido de comunidade perdidos com a diáspora africana nas Américas – de uma nova luta pela reparação de um território perdido – no sentido social e histórico, eu diria, inspirada pelas leituras de Nietzsche e Honneth, também psicológica e moral – opondo-se, assim, ao confinamento territorial, ao banimento da vida pública e do mercado de trabalho e à humilhação social decorrente, a que estão

---

38 A socióloga americana, Saskia Sassen, da Universidade de Colúmbia e autora do livro *Sociologia da globalização* (Porto Alegre: Artmed, 2010), em reportagem recente no jornal *O Estado de S. Paulo* (caderno "Aliás", 25 dez. 2011, p. J3.), referindo-se aos protestos na praça Tahrir, aos indignados espalhados pela Europa e ao Ocupe Wall Street (OWS), considera que em todos esses movimentos estaria presente a noção de território, concebido como "condição complexa na qual se insere a lógica do poder e da reivindicação" (*Idem*). Ressalta ainda que a prática disseminada por estes movimentos de ocupar o espaço público é uma forma de fazer história e de reelaborar e combater a lógica do poder antidemocrática incrustada em dado território.

39 Como se pode verificar no refrão da letra, "Antigamente Quilombo, hoje periferia", do grupo de rappers, Z'África Brasil, analisada pela autora: "A que sentidos flores prometeram um mundo novo?/Favela viela morro tem de tudo um pouco/tentaram alterar o DNA da maioria/ Rei Zumbi! Antigamente Quilombo hoje periferia?/ Levante as caravelas aqui não daremos tréguas não, não/Então que venha a guerra/ Zulu Z'África Zumbi aqui não daremos tréguas não, não/Então que venha a guerra".

O QUE O RAP DIZ E A ESCOLA CONTRADIZ

sujeitos ainda hoje os jovens pobres urbanos, em sua grande maioria, afrodescendentes.

Inspirando-nos em algumas letras de rap que recorriam à imagem de quilombo em seu aspecto libertário e restituidor de uma territorialidade perdida, assim como na experiência de autores americanos que já vinham promovendo uma educação crítica baseada no hip hop, nossa ideia era a de que justamente pudéssemos contribuir para despertar nos jovens, assim como nos educadores, a consciência de que não se tratava de criar um mundo ilusório, sem dores e marcas de um processo histórico que culmina, na atualidade, com a lógica excludente da globalização. Mas, pelo contrário, que justamente em face desta realidade e das tendências à pulverização de ideias e conceitos pouco adensados, para garantir privilégios há muito tempo estabelecidos, pretendíamos construir com os jovens um conhecimento culturalmente relevante e compromissado com sua emancipação.

Acresce-se a esta reflexão todo um debate feito por alguns dos autores americanos pesquisados por nós – como Duncan-Andrade e Morrel[40] e Osumaré, dentre outros –, que têm se debruçado sobre o hip hop como fenômeno da cultura urbana, com forte enraizamento na tradição afro-americana da produção musical e como estratégia fundamental de promoção de cultura e educação na periferia dos grandes centros urbanos.

Daí a importância dos estudos de Axel Honneth[41] a respeito da luta pelo reconhecimento das populações historicamente prejudicadas como condição do avanço moral da sociedade.

---

40 DUNCAN-ANDRADE, J. M. R.; MORREL, E. *Possibilities for Moving from Theory to Practice in Urban Schools*. Nova York: Peter Lang, 2008.

41 HONNETH, Axel. *Luta por reconhecimento: a gramática moral dos conflitos sociais, op. cit.*

Que efeitos de "ecos" discordantes produzem as teses da "luta pelo reconhecimento" sobre uma "leitura nietzschiana" do rap

Embora reconheçamos nas proposições crítico-destrutivas de Nietzsche a propósito da moralidade (socrático-platônica-cristã), subjacente ao projeto político de modernidade, um instrumento fundamental de leitura do mundo contemporâneo e de manifestações culturais como o rap e o movimento hip hop, e nos distanciarmos das interpretações que identificam em Nietzsche uma justificativa do ideário aristocrata e do próprio regime de escravidão, não há como negar que seria preciso discutir com maior cuidado suas críticas a toda e qualquer política de igualdade. Ansell-Pearson observa, inspirando-se no livro de Michael Walzer, *Spheres of Justice, a defense of pluralism and Equality* (1983), que:

> As políticas igualitárias são uma resposta prática à experiência de subordinação e exclusão, não a expressão de uma inveja ou ressentimento natural. Como Walzer enfatiza, o que dá origem à política igualitária não é o fato de não haver rico e pobre, mas o de que o rico 'tira a camisa ao pobre' e impõe-lhe a pobreza pela força e dominação.[42]

A luta pelo reconhecimento dessas populações que foram objeto de extensa e longa dominação parece-nos central para se compreender os conflitos sociais contemporâneos, como pretende Axel

---

42 ANSELL-PEARSON, Keith. *Nietzsche como pensador político: uma introdução, op. cit*, nota 2, p. 176.

Honneth.[43] Suas ideias podem até mesmo fazer avançar o pensamento de Nietzsche sobre a moralidade, porém num sentido ligeiramente discordante. Embora se possa reconhecer em Nietzsche uma crítica contundente aos falsos princípios igualitários propalados pela democracia burguesa e que sua preocupação era no sentido de buscar o que havia de mais nobre no ser humano – "a humildade de um rei", como dizem os rappers – para se repensar a Humanidade, é preciso analisar no campo da luta social como é possível reduzir as desigualdades sócio-políticas para que realmente se possam alcançar esses anseios. Ou mais especificamente, numa leitura habermasiana, é preciso forçar a argumentação quando as classes dominantes não querem ouvir as classes dominadas. Com isso, impõe-se momentaneamente uma igualdade de poder, o que não se faz sem o confronto, a luta e a guerra se for preciso, como têm dito os rappers em suas músicas de protesto e conscientização da juventude periférica.

Axel Honneth, que foi assistente de Habermas e depois o substituiu na Universidade e na direção do Instituto de Pesquisa Social, considera que Habermas teria negligenciado alguns aspectos que lhe pareceram essenciais. Supõe que a *teoria social crítica* deva ser ancorada "no processo de construção social da identidade", cuja gramática envolveria necessariamente a "luta pela construção da identidade", entendida como "luta pelo reconhecimento". Mas, ao contrário de Habermas, supõe a *centralidade do conflito*, que passa a se constituir em "uma crítica tanto à distinção habermasiana entre sistema e mundo da vida, como a uma suposta lógica do acordo, do entendimento e da cooperação que caracterizaria de saída o domínio do mundo da vida".[44]

---

43   HONNETH, Axel. *Luta por reconhecimento: a gramática moral dos conflitos sociais, op. cit.*

44   *Idem, ibidem*, p. 11.

MÔNICA DO AMARAL

Nessa mesma direção, acredito que justamente o movimento hip hop ganha corpo e estatuto político porque tem procurado associar à reconstrução da identidade do jovem pobre e negro a luta por reconhecimento pessoal e social. Já a luta pelo reconhecimento no campo jurídico tem sido objeto de ação política do movimento negro.

Uma educação baseada no hip hop e a luta pelo reconhecimento

Nossa ideia a propósito de uma educação inspirada no hip hop – tema de nossa pesquisa, enquanto expressão do que tem sido denominado de "pedagogia crítica"[45] "culturalmente relevante"[46] – articulando-a com o debate sobre o multiculturalismo e a educação contemporânea voltada para a diversidade, é promover o que o filósofo contemporâneo, Axel Honneth[47] – que faz dialogar os princípios da teoria crítica com a psicanálise – chamou de "progresso moral na dimensão do reconhecimento".

É nesse contexto que me parece atual o debate em torno da dimensão moral dos conflitos sociais na luta pelo reconhecimento, sustentada por Honneth, do qual me parece fundamental que a psicanálise se aproprie, sobretudo se pensarmos na clínica extensa tal

---

45 Henry Giroux, em íntima colaboração com Paulo Freire, tomando como referência os estudos frankfurtianos, empenhou-se em construir as bases de uma teoria crítica da pedagogia, que foram expostas no livro de sua autoria: GIROUX, Henry. *Pedagogia radical: subsídios*. São Paulo: Cortez, 1983.

46 Inspiramo-nos particularmente nas ideias de DUNCAN-ANDRADE, Jeffrey M. R.; MORREL, Ernest. *The Art of Critical Pedagogy*. Nova York: Peter Lang, 2008.

47 HONNETH, Axel. *Luta por reconhecimento: a gramática moral dos conflitos sociais, op. cit*, p. 265.

como pensada por Herrmann (1991), que propõe que a psicanálise atue muito mais como método de ruptura de campos. No caso, a ruptura que me parece necessária é uma ruptura com um pensamento e cultura eurocêntricos, incapazes de abarcar a diversidade cultural que nos constitui e de fazer avançar um projeto emancipatório, que embora possível, vê-se bloqueado pela estrutura social vigente no Brasil, bastante desigual e racista. Um racismo à brasileira que se viu encoberto por uma política do branqueamento implantada no país desde a escravidão, que associava a liberdade ao mundo branco, e depois se viu incrementada pela política da imigração europeia, que não apenas alimentou o mito da democracia racial como foi responsável pela não explicitação dos conflitos. Com todas as consequências nefastas que se estendem até hoje, fazem com que as pessoas se vejam impelidas a negociar suas identidades, como bem salientou Lilia Schwarcz no artigo: "Nem preto, nem branco, muito pelo contrário: cor e raça na intimidade".[48] Foi preciso que o movimento negro no Brasil ganhasse força nos anos 1980/1990, conforme salientou Iray Carone em conferência recentemente proferida, para que o Brasil admitisse que é racista. Ela diz o seguinte:

> Vejam bem: se hoje temos uma lei que condena a discriminação racial – a Lei Caó – que faz parte inclusive da Constituição de 1988 – foi graças ao movimento negro e a suas lideranças. Se hoje temos uma discussão implantada na sociedade pelas políticas de ação afirmativa – que ainda estão em curso – foi graças ao movimento negro e a

---

48 SCHWARCZ, Lilia Moritz. "Nem preto, nem branco, muito pelo contrário: cor e raça na intimidade". In: _____ (Org.). *História da vida privada no Brasil*. São Paulo: Companhia das Letras, 1998.

suas lideranças a partir da década de 90. Se hoje admitimos que o Brasil não é uma democracia racial e que existe racismo no chamado paraíso racial, é porque o movimento negro se fez ouvir. Se hoje nos interessamos pela história da África e da sua cultura, a ser implantada nos currículos escolares, é porque o movimento negro vem alterando a cultura social e política do país – vencendo o nosso incrível atraso.[49]

Honneth defende, por fim, fazendo avançar as hipóteses do jovem Hegel e de George Mead, que

> são as três formas de reconhecimento do amor, do direito e da estima que criam primeiramente, tomadas em conjunto, as condições sociais sob as quais os sujeitos humanos podem chegar a uma atitude positiva para com eles mesmos; pois só graças à aquisição cumulativa de *autoconfiança, autorrespeito e autoestima*, como garante sucessivamente a experiência das três formas de reconhecimento, uma pessoa é capaz de se conceber de modo irrestrito como um ser autônomo e individuado e de se identificar com seus objetivos e seus desejos.[50]

---

49 Refiro-me à conferência "O movimento negro nos anos 90", proferida pela profa. Iray Carone, In: COLÓQUIO INTERNACIONAL CULTURAS JOVENS AFRO BRASIL AMÉRICA: encontros e desencontros, FEUSP, abril de 2012.

50 HONNETH, Axel. *Luta por reconhecimento: a gramática moral dos conflitos sociais, op. cit.*, p. 266 – o grifo é nosso.

E quando essas condições não se verificam? Quais as consequências de mais de três séculos de escravidão, como sustentou Carone,[51] com toda a barbárie cometida contra as populações de afrodescendentes e posterior banimento dos mesmos do mercado de trabalho, para gerações e gerações de famílias negras neste país? Que relação tem tudo isso com as mortes de jovens negros e pobres moradores da periferia de cidades como São Paulo?

Como disseram os jovens, com quem desenvolvemos oficinas de rap e letramento:

"Respeitando a comunidade"

Vamos respeitar a comunidade
Tem muita violência nessa cidade
Tem ódio, rancor e no peito muita dor.
Eu levo o sofrimento
Porque na quebrada não tem jeito
Se fechar o olho, RAM!
Perde o respeito

O muleque levanta a cabeça
Porque na favela
Tem muita tristeza
Sai da ilusão e cai no mundão.
Bota o sorriso no rosto
E vem cantar essa canção[52]

---

51 CARONE, Iray. "O movimento negro nos anos 90", *op. cit.*

52 Como parte da pesquisa de políticas públicas (*op. cit.*, 2011/2013), desenvolvemos oficinas com o rap, dentre elas, *O rap como possibilidade de letramento: a construção da identidade e a reflexão sobre a constituição das subjetividades*

Como dizem os Racionais MC's: "Nunca foi fácil, junte os seus pedaços e desce pra arena".

Axel Honneth, partindo do pressuposto de que a integridade do ser humano se deve em grande parte a padrões de reconhecimento nos três níveis acima descritos, categorias morais como *de ofensa e sentimento de rebaixamento* surgem frequentemente quando as pessoas são submetidas a formas de "reconhecimento recusado". Nesse sentido, as lutas contra os sentimentos de injustiça e de desrespeito podem ser interpretados, não apenas como motivadoras de lutas sociais, mas também exercendo o papel moral que lhes competem nos desdobramentos das relações de reconhecimento. Esta é uma dimensão até então pouco explorada, ou seja, que a posição assumida pelas lutas, conflitos e reivindicações só se explicita quando se torna apreensível o papel que "desempenham para o estabelecimento de um progresso moral na dimensão do reconhecimento".[53]

Nesse sentido, talvez tenha faltado a Nietzsche a percepção de que o "reconhecimento recusado" – nos planos moral, jurídico e social – a que foram sujeitos particularmente nossos afrodescendentes, e consequentemente, o "ressentimento" que isso possa acarretar, só poderá ser superado para além de uma postura e uma moral nobre, tal como assumidas pelos rappers, quando efetivamente os diversos níveis de reconhecimento, apontados pelo autor, forem realidade efetiva em nossa sociedade.

Por fim, Honneth salienta como correspondem aos três padrões de reconhecimento quando recusados, três níveis de desrespei-

---

dos jovens da periferia de São Paulo, que foi coordenada pela orientanda de mestrado, Ana Claudia Florindo (Feusp).

53 HONNETH, Axel. *Luta por reconhecimento: a gramática moral dos conflitos sociais, op. cit*, p. 265.

to, que, uma vez ancorados na experiência afetiva dos seres humanos, podem ser o impulso para a resistência social e para o conflito:

> 1º tipo de desrespeito: quando toca *a integridade corporal*de uma pessoa, infligindo-lhe maus-tratos, como ocorre sob o regime da escravidão, violação e tortura. É o nível que conduz ao nível mais elementar de rebaixamento pessoal, provocando um grau de *humilhação profunda*(não se pode esquecer que se rompe o eu-corpóreo, o eu-pele, o invólucro do eu), além de colocar a pessoa à mercê da vontade do outro, sem nenhuma proteção, chegando a conduzir à perda do senso de realidade (desrealização de si como ser dotado de vontade), destruindo a confiança em si mesmo;[54]

> 2º tipo de desrespeito:desrespeito pessoal e moral por se ver "estruturalmente excluído" da posse de direitos em pé de igualdade com outros grupos sociais. Isto implica não somente em "violenta limitação da autonomia pessoal", como também desencadeia o "sentimento de não possuir o status de um parceiro da interação com igual valor, moralmente em pé de igualdade".[55]

> 3º tipo de desrespeito: referir-se negativamente ao valor social de indivíduos e grupos, de "*depreciação de modos de vida individuais ou coletivos*". Ora se o grau de estima social depende das possibilidades de autorrealização no universo de

---

54 *Idem, ibidem*, p. 215.

55 *Idem, ibidem*, p. 216.

sua tradição cultural e se a sociedade degrada as condições de vida ou desvaloriza crenças e valores, ela retira dos indivíduos "toda possibilidade de atribuir um valor social às suas próprias capacidades".[56]

Chega a atribuir a cada uma dessas formas de desrespeito três níveis de sequelas psíquicas e sociais: na primeira, *a morte psíquica*, como no caso da tortura; no caso da escravidão, associada à primeira, pode levar ainda à *morte social*; e o terceiro tipo de desrespeito, à *degradação cultural, a vexação ou humilhação social*. Com a experiência de rebaixamento e humilhação social, a identidade do sujeito se vê ameaçada, cujas reações emocionais negativas acabam expressando-se muitas vezes no sentimento de *vergonha social*, que tem abalado fortemente a saúde psíquica das populações prejudicadas historicamente.

O que daria sustentação à integridade psíquica dessas populações? Justamente a "garantia social de relações de reconhecimento capazes de proteger os sujeitos do sofrimento de desrespeito da maneira mais ampla".[57] Tais teses nos sugerem como a luta política hoje passa necessariamente pela luta pelo reconhecimento da identidade, social, moral e psíquica.

Analisemos o que propõem os jovens noutro trecho da composição coletiva de rap citada acima, inspirados em uma leitura crítica de mundo, quando instigados por Ana Cláudia Florindo, que coordenou a oficina de rap e letramento:

Respeitando a comunidade

---

56   *Idem, ibidem*, p. 217.

57   *Idem, ibidem*, p. 219.

O QUE O RAP DIZ E A ESCOLA CONTRADIZ

> Olha pra frente e cai na real,
> Porque na Zona Sul é mais legal
> O bom não é ruim, e o ruim não é bom.
> Por que na quebrada é tudo sangue bom
> Muleque, presta atenção
>
> Preste atenção,
> Aqui é o Capão.
> Vô mandar um papo reto
> Essa é a missão
> Sair por aí fazendo união
> Tá ligado meu irmão?
> (letra de Marco Antonio, Valéria e Geyse)

O pleno engajamento dos alunos, mesmo daqueles com maiores dificuldades de leitura e escrita, combinado com o modo como a pesquisadora foi promovendo junto a eles o aperfeiçoamento da escrita da língua portuguesa, sem desmerecer o emprego da linguagem oral e as origens multiétnicas de nossa língua, nos fez lembrar justamente das observações do filósofo francês, Christian Béthune.[58]

De acordo com o autor, além de uma forma lúdica de lidar com os ritmos musicais, o estilo rap inventa palavras, em um jogo de vaivém, ao mesmo tempo em que promove uma verdadeira inversão recompondo uma nova relação entre o campo da oralidade e da escrita, uma vez que insiste em fazer entrar para o interior da linguagem escrita a linguagem oral proscrita dos bancos escolares.

Além desse recurso de inversão da lógica no campo da escrita, para evitar os três níveis de desrespeito pessoal, moral e social, como

---

58 BÉTHUNE, Christian. "D'une Expression mineure: ce que le rap fait à la culture dominante". In: COLÓQUIO INTERNACIONAL CULTURAS JOVENS AFRO BRASIL AMÉRICA: encontros e desencontros, FEUSP, abril de 2012.

sugere Axel Honneth, é preciso reverter também os valores que sustentam a moralidade preconceituosa vigente, que garante e sustenta a exclusão dos jovens pobres e negros, quando não justifica o seu extermínio: "O bom não é ruim, e o ruim não é bom", como nos ensinam os jovens. Porque ao contrário do que se veicula na sociedade, "na quebrada é tudo sangue bom".

E assim o letramento e o conhecimento têm avançado em nossas oficinas com jovens a partir do momento em que suas dores têm sido elaboradas por esses "curadores feridos": na capoeira,[59] com suas músicas que lembram a humilhação e os maus-tratos a que foram submetidos os escravos, revelando um luto impossível; os rappers, que convertem a humilhação da periferia, no confronto com a polícia e a sociedade discriminatória, em força e união: "Essa é a missão/Sair por aí fazendo união/Tá ligado meu irmão?", dizem os jovens em sua composição de rap.

De outro lado, outra pesquisadora de nossa equipe, Raquel Martins,[60] ao promover junto aos jovens desde o estranhamento sonoro à improvisação e à elaboração de ideias musicais autônomas, "procurou estimular entre eles o questionamento diante das verdades

---

59 Como se pode depreender de uma letra comumente entoada nas rodas de capoeira, "Sou guerreiro Quilombo, quilombola", de autoria de Mestre Barrão:"Eu sou Negro dos Bantos de Angola/ Negro nagô/ Fomos trazidos pro Brasil/ Minha família separou/ Minha mãe foi vendida/ Pra fazenda de um senhor/ O meu pai morreu no tronco/ No chicote do feitor/ O meu irmão não tem a orelha/ Porque o feitor arrancou/ Na mente trago tristeza/ E no corpo muita dor/ Mas olha um dia/ Pro quilombo eu fugi/ Com muita luta e muita garra/ Me tornei um guerreiro de Zumbi".

60 Como parte da mesma pesquisa de políticas públicas (*op. cit.*, 2011/2013), desenvolvemos, ainda, outra oficina: "Improvisação rítmica e composição musical do rap com instrumentos de percussão afro-indígenas", que foi coordenada pela mestranda Raquel Martins (FEUSP).

que lhe são entregues prontas tirando-lhes o benefício da dúvida, a começar pelo questionamento dos valores atribuídos às músicas que mais gostavam".[61] Procurou expandir esse olhar crítico para outros valores moralizantes e alienantes arraigados nos jovens que, segundo Nietzsche, referir-se-iam a uma "vontade de verdade".[62] Provocar através da música essa ruptura com a comodidade que obscurece o pensamento crítico tem sido um grande desafio para a pesquisadora, visto que estimula os alunos a "reconhecer a inverdade como condição de vida: isso significa sem dúvida, enfrentar de maneira perigosa os habituais sentimentos de valor, além do bem e do mal".[63]

Neste segundo ano da pesquisa, a pesquisadora concentrou seus esforços no desenvolvimento da consciência crítica, procurando trabalhar com a formação intelectual e da subjetividade dos alunos por meio das experiências musicais que conduzissem à reflexão. A estética do rap presente na composição musical e na interpretação das letras é reconhecida como estratégia fundamental de afirmação do espírito contestatório que se pretendia fomentar no adolescente, para que este pudesse fazer face ao conformismo perante a realidade de exclusão em que tem sido colocado.

A título de conclusão

O desenvolvimento da pesquisa Rappers, *os novos mensageiros urbanos na periferia de São Paulo: a contestação estético-musical que emancipa e educa* (2011/2013) na ONG Casa do Zezinho, duran-

---

61 *Apud*: AMARAL, M. (Coord.) Relatório Científico Final do Projeto de Pesquisa Rappers, *os novos mensageiros urbanos na periferia de São Paulo: a contestação estético-musical que emancipa e educa* (Fapesp, 2012, p. 353)

62 NIETZSCHE, Friedrich. *Além do bem e do mal.* op cit., p. 09.

63 NIETZSCHE, Friedrich. *Além do bem e do mal.* op cit., p. 11.

te dois anos, foi de vital importância para realizarmos esta análise e propor a continuidade do projeto, em 2013, junto à EA/USP – Escola de Aplicação da USP, inserindo-o no Projeto Negritude existente na referida escola.

Foram muitas as respostas criativas e inteligentes dos jovens que se apropriaram das oficinas e puderam trabalhar com o rap, articulando-o a suas realidades, produzindo letras, danças, textos e bases de rap com instrumentos afro-indígenas. Foi se construindo uma leitura da cidade de São Paulo a partir da história do negro e com isso, apropriaram-se de uma territorialidade perdida e de uma história a ser recontada em novas bases.

Enfim, trata-se da reparação de uma territorialidade e de uma identidade perdidas, cujo enfrentamento é importante não apenas para aqueles que se sentem excluídos, mas que pode contribuir para o avanço moral da sociedade brasileira. A pergunta acerca do papel da psicanálise será feita aqui a propósito da educação. Em que medida poderá contribuir para os *três modos de reconhecimento* apontados por Axel Honneth? Para o avanço da *autoconfiança* no campo amoroso, do *autorrespeito*, oriundo das formas de reconhecimento dos direitos no campo jurídico e de *autoestima, que dependerá do avanço da solidariedade e a da estima social em relação aos grupos historicamente prejudicados.* Para tanto é preciso que não mais se tolerem formas de desrespeito que impliquem em: maus-tratos e violação da pessoa; a privação de direitos e a exclusão de grupos sociais; *a degradação e a ofensa a grupos e culturas, presentes em toda forma de discriminação.*

A ideia de construir uma educação em novas bases, inspirada no hip hop e por todas essas leituras que temos feito, é de combinar estudos sobre a diáspora africana colonial e pós-colonial e a história dos negros no Brasil, com os estudos sobre a presença de nossa ancestralidade africana na música, nas práticas do improviso, do canto em roda, na capoeira e de como todas essas manifestações culturais são recriadas pelos jovens do mundo inteiro por meio das chamadas culturas urbanas de rua – envolvendo desde o rap, as batalhas de rima e de break, a prosódia, bem como as batidas do rap e do funk, e assim por diante. E desse modo, recriam algo fundamental no mundo contemporâneo – caracterizado por Zizek,[64] como *worldless* (sem mundo, sem lugar) –, sobretudo para os jovens pobres e negros – uma identidade etnorracial, territorial e psíquica.

Revisitar Nietzsche, cujo pensamento é considerado o divisor de águas que distingue o pensamento moderno e o pós-moderno, tem sido essencial nesse sentido: em particular, suas ideias críticas a respeito dos estabelecimentos de ensino e a cultura a ser transmitida às novas gerações;[65] o empenho do desejo e das "afecções fortes" eliciadas pela filosofia dionisíaca que exerceram um papel fundamental em sua genealogia da moral, a partir das quais propôs a transvaloração dos valores vigentes na modernidade.[66] Tanto o aspecto afirmativo que, segundo Deleuze,[67] estaria presente na "visão dionisíaca de mundo", sus-

---

64 ZIZEK, Slavoj. *Violence*. Nova York: Picador, 2008.

65 NIETZSCHE, Friedrich. "Sobre o futuro de nossos estabelecimentos de ensino (1872)". In:_____. *Escritos sobre educação*. Trad. Noéli Correia de Melo Sobrinho. Rio de Janeiro: PUC-RJ; Loyola, 2004, p. 41-137.

66 Destacamos, aqui, o caráter afirmativo de sua filosofia, inspirando-nos na concepção trágica do homem grego (NIETZSCHE, Friedrich. "O nascimento da tragédia no espírito da música (1872)". In: *F. Nietzsche*. Seleção de textos de Gérard Lébrun. 3ª ed. São Paulo: Abril Cultural, 1983, p. 5-28. Coleção O Pensadores), a partir da qual pretendeu construir uma nova genealogia dos valores, ou seja, o valor dos valores, o que abriria a experiência humana a uma pluralidade de sentidos (NIETZSCHE, Friedrich. *Genealogia da moral: uma polêmica*. São Paulo: Companhia das Letras, 2006).

67 Deleuze, G. *Nietzsche e a filosofia*. Porto: Portugal, s/d.

tentada por Nietzsche,[68] quanto a ideia de "estética extrema",[69] salientada por Heidegger[70], pareceram-me essenciais para uma interpretação conceitual afinada com o movimento histórico de nosso objeto, ou seja, as culturas juvenis contemporâneas por nós estudadas, a saber: hip hop, rap, break, funk.[71] A nosso ver, estes movimentos da cultura popular urbana constituem-se em manifestações estéticas de vanguarda. Encontrando-se marcados por elementos estéticos específicos,[72] pautados, por sua vez, por forte hibridismo cultural, em particular os elementos do movimento hip hop – rap, break e grafite – embora

---

68 NIETZSCHE, Friedrich. "A visão dionisíaca do mundo". In: *A visão dionisíaca do mundo e outros textos de juventude*. Trad. Marcos Sinésio P. Fernandes e Maria Cristina dos Santos Souza. São Paulo: Martins Fontes, 2005, p. 3-44.

69 Heidegger (*Nietzsche, op. cit.*), em suas preleções sobre Nietzsche, sustenta que o autor, a partir de *O crepúsculo dos ídolos* (*op. cit.*), caminha menos no sentido de uma metafísica do artista e mais no sentido de uma "estética extrema", a partir da qual se evidenciou, para nós, a potencialidade crítica e afirmativa da estética étnico-juvenil do hip hop e do funk, no âmbito escolar.

70 HEIDEGGER, M. *Nietzsche, op. cit.*

71 São ideias que desenvolvo no artigo: AMARAL, Mônica do. "A estética transgressora do rap e do funk: em direção à reversão dialética da educação pública nas metrópoles brasileiras". In: AMARAL, Mônica G. T. do; SOUZA, Maria Cecília C. C. de. *Educação pública nas metrópoles brasileiras*. São Paulo: Paco Editorial; Edusp, 2011.

72 Uma ideia muito próxima da que é defendida por Rodrigo Duarte em seu artigo "Sobre o constructo estético-social" (*Revista Sofia*, Ufes, v. 11, n. 17-18, p. 239-263, 2007.), em que o autor sustenta ter encontrado no rap uma forma de manifestação estética de outra ordem, cuja negatividade (formal e não apenas de conteúdo, a qual Adorno salienta ser característica da estética negativa da nova música) encontra-se marcada por elementos estéticos específicos: o break, um estilo de dança de rua; o rap, acompanhado de DJ e MC; o grafite, uma forma de expressão plástica.

inseridos no fenômeno da mundialização da cultura, tendem a negá--lo em seus aspectos reificadores ao assumir uma atitude política de contestação (paradoxalmente, por meio de uma estética afirmativa) a todo tipo de discriminação e de exclusão social.

De outro lado, a leitura de Axel Honneth me fez pensar como o conhecimento da psicanálise, esta compreendida, conforme Herrmann,[73] como método de ruptura de campo, pode contribuir para o avanço moral da sociedade brasileira. E desse modo, contribuir para uma educação voltada à emancipação. Tenho me proposto a pensar em que medida poderá contribuir para os três modos de reconhecimento apontados pelo autor: para o avanço da autoconfiança no campo da construção da subjetividade; do autorrespeito, oriundo das formas de reconhecimento dos direitos no campo jurídico e da autoestima, que dependerá do avanço da solidariedade e a da estima social em relação aos grupos historicamente prejudicados.

Para tanto é preciso que não mais se tolerem formas de desrespeito que impliquem em: maus-tratos e violação da pessoa; a privação de direitos e a exclusão de grupos sociais; a degradação e a ofensa a grupos e culturas, presentes em toda forma de discriminação.

---

73 HERRMANN, Fábio. *Andaimes do real: o método da psicanálise.* São Paulo: Brasiliense, 1991.

AGRADECIMENTOS

À Fapesp, cujo auxílio no âmbito do Programa de Melhoria do Ensino Público possibilitou a pesquisa ora apresentada e, ao conceder outros dois auxílios no âmbito do Programa de Políticas Públicas, permitiu que déssemos continuidade à experiência de docência compartilhada e de formação da juventude em outras unidades escolares, ampliando o escopo de nossos estudos das culturas jovens em direção ao seu enraizamento na história e cultura dos afrodescendentes e indígenas do país. Experiências fundamentais para a reelaboração do significado e importância da pesquisa inicial e posterior atualização apresentada neste livro.

Aos meus ex-orientandos e colaboradores da pesquisa inicial, Tatiana Karinya Rodrigues, Edson Yukio Nakashima, Maíra Soares Ferreira e Luiz Abbonddanza, que participaram ativamente da coordenação e execução dos subgrupos de pesquisa, oferecendo apoio intelectual e orientação aos professores da escola pesquisada.

À Profª. Drª. Maria Cecília Cortez C. de Souza, que me ofereceu apoio e estímulo à elaboração de minha tese de livre-docência.

À Profª. Drª. Iray Carone, estudiosa da teoria estética musical de Adorno, que me fez pontuações críticas importantes para a elaboração de algumas ideias apresentadas na livre-docência.

Aos Profs. Oswaldo Giacoia Júnior e Rodrigo Duarte, pelas contribuições na banca de defesa da tese de livre-docência, que muito me auxiliaram na composição dos artigos publicados, essenciais para a elaboração final deste livro.

Aos alunos da EMEF José de Alcântara Machado Filho, que me fizeram descobrir a dimensão crítica e irreverente do hip hop e do funk, permitindo-me ousar com a "eróptica" de Canevacci.

Um agradecimento especial ao jovem rapper Renan, que fora aluno da EMEF José de Alcântara Machado à época da pesquisa, com quem pude me reencontrar e conhecer um pouco da realidade atual da comunidade do Real Parque, parte dela contemplada pelo projeto de reurbanização da Prefeitura de São Paulo.

Aos professores pesquisadores da EMEF José de Alcântara Machado Filho, que apostaram em um projeto de "ruptura de campo" com a tradição da cultura escolar.

Um agradecimento especial às professoras Lígia Oliveira de Azevedo e Izabel Conceição Silva, por terem me recebido de braços abertos, anos depois de finalizada a pesquisa, e cujos depoimentos foram essenciais para a atualização dos dados da pesquisa inicial realizada na escola.

Aos meus ex-orientandos e orientandos atuais que têm acompanhado os desdobramentos atuais de minha pesquisa, Ana Cláudia Florindo, Raquel Martins, Maria Patrícia Hetti, Tiago Lazzarin, Cristiane Dias, Valdenor S. dos Santos e Maria Teresa Loduca, sem os quais não teriam sido possíveis as reflexões sobre o trabalho de pesquisa que resultou neste livro.

Por fim, agradeço ainda aos novos pesquisadores colaboradores, em especial ao Álvaro Camargo Vieira e à Rute Reis, bem como aos arte-educadores que, com muito empenho e arte, têm desenvolvido parcerias com os professores das Escolas Municipais de São Paulo, Saturnino Pereira e Roberto Mange.

Agradecimentos às Revistas

À revista *Psicologia USP* por ter autorizado a publicação do artigo de minha autoria apresentado, neste livro, em uma versão ampliada: Amaral, M. do. "O rap, o hip-hop e o funk: a 'eróptica' da arte juvenil invade a cena das escolas públicas nas metrópoles brasileiras". *Psicologia USP* (Impresso), v. 22, p. 593-620, 2011.

À *Revista do Instituto de Estudos Brasileiros* (IEB) da USP que autorizou a reprodução integral do artigo de minha autoria apresentado como apêndice deste livro: Amaral, M. do. "Expressões estéticas contemporâneas de resistência da juventude urbana e a luta por reconhecimento – uma leitura a partir de Nietzsche e Axel Honneth". *Revista IEB*, São Paulo, n. 56, p. 73-100, 2013.

Alameda nas redes sociais:
Site: www.alamedaeditorial.com.br
Facebook.com/alamedaeditorial/
Twitter.com/editoraalameda
Instagram.com/editora_alameda

Esta obra foi impressa em São Paulo no outono de 2017. No texto foi utilizada a fonte Minion Pro em corpo 10,25 e entrelinha de 15 pontos.